Das Erleben des Wortes
führt zu Intimitäten
des geistigen Erkennens,
die wie eine Entsiegelung wirken
der im Menschen verborgenen
Geheimnisse.

Marie Steiner

Marie Steiner von Sivers
Biografie - Kulturimpuls - Spannungsfelder

Theodor Hundhammer
www.bewegteworte.ch

© 2014 Theodor Hundhammer
www.bewegteworte.ch
Herstellung und Verlag:
BoD – Books on Demand, Norderstedt
ISBN 978-3-7322-9527-2

Einleitung 7

Die Suche nach dem Weg
Kindheit und Jugend 9
Kunst, Sprache, Theater 13

Lebenspartnerin von Rudolf Steiner
Der Weg zu Rudolf Steiner 17
Beginn der Zusammenarbeit, Freundschaft.....................23
Ihr Einsatz für die Kunst 30
Persönlichkeit und Opfer 35
Erster Weltkrieg, Dornach 39
Leiterin der Eurythmie 42
Das Haus des Wortes 46
Die Grundlegung der Sprachgestaltungsschulung................47
Krisenzeit und Weihnachtstagung 48
Der Tod Rudolf Steiners 51

Wieder allein
Marie Steiners Kunstimpuls 53
Die Konfliktsituation in der Anthroposophischen
Gesellschaft 61
Die Zeit der ideellen Konflikte 63
Der Nachlass-Konflikt 76
Lebensabend 80

Schlussbemerkungen

Anhang
Verzeichnis der Zitate..86
Literaturverzeichnis 91
Bilderverzeichnis...93
Vom Ort zum Wort 95

Einleitung

Die vorliegende Biographie ist die erweiterte Fassung eines Referates, das ich 1996 an der Akademie für Eurythmie in Den Haag gehalten habe.

Ich bemerkte, dass Menschen, die eigentlich nichts oder fast nichts von Marie Steiner wussten, eine Art Antipathie gegen sie hegten. Aber ich begegnete auch Menschen, die sie wie ein Idol propagierten, ohne viel Konkretes sagen zu können. Diese Sympathie-Antipathie-Ebene gegenüber einem Namen wollte ich gerne überwinden. Mein Motto für diese Arbeit lautete deshalb: "Versuch, Marie Steiner zu verstehen!"

Die Arbeit hat drei thematische Schwerpunkte: Der erste war das Studium der äusseren Biographie Marie Steiners und ihres Zusammenwirkens mit Rudolf Steiner. Einen zweiten Teil bildete die Suche nach ihren persönlichen Impulsen für dieses Erdenleben. Hier trat mir Marie Steiner als ein Mensch entgegen, der in der Kunst Wege suchte, die weit in die Zukunft weisen und die mit den Worten Mysterienkunst oder Wort-Kunst angedeutet werden. Den dritten Schwerpunkt meiner Arbeit bildeten die Konflikte, die nach Rudolf Steiners Tod in der Anthroposophischen Gesellschaft ausbrachen. Meine Hoffnung war, in dieser Zeit, in der sie sehr alleine dastand, mehr von ihr selbst wahrnehmen zu können, da sie ja vorher ihre ganze Persönlichkeit in den Dienst Rudolf Steiners gestellt hatte.

Ein tieferes Durchleben der Konflikte war mir leider nur für die Konfliktsituation mit den Menschen um Ita Wegman möglich. Die nach der Trennung von Ita Wegman entstandene Konfliktsituation mit Albert Steffen konnte ich nicht in gleichem Masse durcharbeiten. Dadurch ist in meiner Niederschrift innerhalb der Beschreibung der Konflikte ein deutlicher Bruch feststellbar. Bei den Konflikten mit Ita Wegman habe ich versucht, Wesentliches darzustellen. Bei den Konflikten mit Albert Steffen bleibt es bei der Aufzählung äusserer Vorkommnisse, wodurch man mit seinen Urteilen leicht auf der Ebene von Gut und Böse hängen bleibt. Dies bitte ich beim Lesen zu berücksichtigen.

Marie Steiner ist eine Pionierin auf der Suche nach dem Wort, das von innen kommt. Auf dieser Suche bin ich auch in meinem Beruf als Heileurythmist.[1] Die Tierkreis- und Planetenkräfte wirken bildend und belebend in unserem Leib, dort haben sie ihre Orte. Als Worte äussern sie sich nicht nur in unserer Sprache sondern auch in unseren Bewegungen. Bei der Arbeit mit dem Wort werden Kunst und Heilung zu einem gemeinsamen Anliegen.

Theodor Hundhammer
www.bewegteworte.ch

Die Suche nach dem Weg

Kindheit und Jugend[2]

Marie Steiner, geborene von Sivers, war Baltin deutscher Abstammung. Sie wurde am 14. März 1867 um 4:29 Uhr, als drittes von fünf Kindern in Wlotzlawek, mitten im heutigen Polen, geboren.

Ihr Vater, Jacob von Sivers (1813-1882), stammte aus einer angesehenen deutsch-dänischen Familie, die seit 250 Jahren in Russland lebte und in dem russischen Gouvernement Livland (heute Lettland und Estland) ihren Stammsitz hatte. Als Generalleutnant hatte er eine hohe Stellung im russischen Militär. Zur Zeit von Marie's Geburt lebte er mit seiner Familie im damals russischen Polen, wo er russische Truppen befehligte.

Die Mutter, Caroline Baum (1834-1912), war ebenfalls deutscher Abstammung. Sie war Tochter eines deutschen Arztes und ist im Norden Russlands, in Archangelsk am Weissen Meer geboren und aufgewachsen.

Die ersten sieben Jahre ihrer Kindheit verbrachte Marie an ihrem Geburtsort Wlotzlawek. Danach zog die Familie für zwei Jahre in das an der Ostsee gelegene Riga. Nach der Pensionierung des Vaters, Marie war etwa 10 Jahre alt, zog die Familie nach Petersburg und liess sich dort nieder.

Marie war ein kleines, zierliches Kind von grosser Geschicklichkeit und Bewegungsbegabung. Sie hatte eine helle, weissschimmernde Haut, hell-gold-blondes Haar und strahlend blaue Augen. Durch ihre Beweglichkeit, ihre Behändigkeit, ihre Schnelligkeit und durch die Sicherheit ihrer Reaktionen erregte sie viel Freude und Staunen bei den Erwachsenen.

Sie war sehr empfänglich für die Eindrücke aus der Natur und verbrachte oft, wie damals üblich, die Ferien mit der Familie auf dem Lande oder am Meer. Die russische Eurythmistin Marie Savitch beschreibt, wie in der Gegend um Petersburg zu dieser Zeit noch besondere elementare Sprach- und Naturkräfte wirkten, und wie wichtig es war, dass Marie von Sivers diese noch in sich aufnehmen konnte, bevor sie sich bald darauf zurückzogen.[3]

In Petersburg besuchte Marie eine deutsche Privatschule. Nach den Worten des Schulleiters war sie die beste Schülerin, die er jemals gehabt habe, und wurde von ihm immer "der junge Schiller" genannt.

Marie war schon als junges Mädchen stark kurzsichtig, hatte dafür aber ein ausgesprochen empfindsames, beinah übersensibles Gehör. Schon im Alter von 11, 12 Jahren begann sie, sich Gedichte vorzusprechen und nach deren Klang und Rhythmus zu suchen. Rezitation und Dichtung wurden ihre Lehrer.

In ihrer Familie herrschte eine recht formelle, an aristokratischen Normen ausgerichtete Lebensführung. Das Denken war konservativ und voller Vorurteile, man blieb unter sich Deutschen und pflegte wenig Kontakt zur umgebenden Bevölkerung. Für ihre Suche nach geistigen Werten fand Marie wenig Verständnis und es wurde ihr schwer gemacht, ihren Interessen nachzugehen. Der gewünschte Griechisch-Unterricht wurde ihr verwehrt. Ihre Studien betrieb sie einsam und heimlich.

Da der Vater bereits starb, als Marie 15 Jahre alt war, war es vor allem die Mutter, mit der es immer wieder zu Auseinandersetzungen kam. Diese waren oft so heftig, dass die beiden bis an den Rand völliger physischer Erschöpfung geführt wurden.[4]

Marie von Sivers ca. 1884, 17 Jahre alt

Mit 17 Jahren reiste sie mit ihrer Mutter zum ersten Mal ins Ausland, nach Berlin, Wien und in die Schweiz. Für Marie öffnete sich eine neue Welt. Wieder zurück in Petersburg suchte sie auf jede mögliche Weise Verbindung zum realen Leben ausserhalb der Familienzusammenhänge. Damit begann eine lange, beinahe 10 Jahre dauernde Phase, in der sie um die Verwirklichung ihrer Ideale im sozialen Leben rang. Sie wurde Mitstreiterin in der Frauenbewegung, kämpfte für das Recht der Frauen auf Bildung und für die Errichtung einer Frauenuniversität. Sie sorgte sich um soziale und hygienische Verbesserungen für die Bevölkerung und wirkte bei

Schulgründungen und Wohltätigkeitsveranstaltungen mit, bei denen sie auch als Darstellerin in Bühnenstücken auftrat.[5]

Nach ihrem Schulabschluss an der deutschen Schule wurde ihr die Erfüllung ihres Wunsches, Sprach- und vergleichende Religionswissenschaften zu studieren, von der Familie verweigert. Die Erlaubnis zum Besuch ein russisches Gymnasiums, um ein Lehrerinnendiplom zu erlangen, musste sie sich erkämpfen. Danach unterrichtete sie an einer proletarischen deutschen Schule in Petersburg. Dort überanstrengte sie ihre Stimme und musste sich einer Stimmband-Operation unterziehen, was ihr einige Zeit das Sprechen erschwerte. (Sie hat dies später als Schicksalshilfe für ihr Bemühen gewertet, die Sprache nach Rudolf Steiners Intentionen "organfrei" zu gestalten.)

Da das Leben in der Familie für Marie von Sivers immer schwerer wurde, entschloss sie sich mit ca. 22 Jahren, mit ihrem Bruder Jacob auf ein entlegenes Gut zu ziehen, das dieser gekauft hatte. Sie hoffte, durch die Arbeit unter dem einfachen Volke dem Sinn des Lebens näher zu kommen. Mit sich nahm sie die letzte Seite ihres Tagebuches, worauf stand: Où trouver la verité ? Wo kann man die Wahrheit finden?

Das Gut lag im so genannten Waldai, einer leicht hügeligen, sumpfigen Gegend südlich von Novgorod. Marie half dem Bruder bei der Wirtschaftsführung, richtete ein Ambulatorium ein, die auch homöopathische Heilmittel enthielt, versuchte, eine gesündere Ernährung für die Dorfbevölkerung, z.B. mit Salat, zu erreichen, leistete in Notfällen Hilfe bei entlegen wohnenden Menschen und richtete eine Sonntagsschule für die Dorfkinder ein. Aber die Bevölkerung begegnete den beiden jungen Idealisten mit Misstrauen und Ablehnung. Sie wurden mit Aberglauben aller Art konfrontiert. Eigentlich wurde nur die Sonntagsschule von der Bevölkerung wirklich angenommen.

Marie von Sivers hatte in dieser Zeit auch einen schweren Unfall: sie stürzte eine Kellertreppe hinunter und verletzte sich so schwer, dass sie sich mehrere Tage nicht mehr bewegen konnte. Als der Bruder nach vier Jahren Aufenthalt im Waldai starb, musste sie wieder zu ihrer Familie nach Petersburg zurückkehren. Sie war nun 25 Jahre alt. Ihre im Waldai gemachten Erfahrungen fasst sie später so zusammen: "Man lernte dort wohl das unberührt Melancholische der Natur kennen, aber auch die Macht der Finsternis. Man lernte einsehen, dass es mit dem einzelnen guten Willen zur Volksbeglückung nicht getan war und dass es einem am allerwenigsten vom Volk selbst geglaubt wurde."[6]

Kunst, Sprache, Theater

Marie von Sivers war in Petersburg wieder in ein Leben gezwängt, das ihrem Wesen in keiner Weise gerecht wurde. Als sie etwa 28 Jahre alt war, wurde ihr von der Familie endlich der langgehegte Wunsch gewährt, ins Ausland zu gehen. Entscheidend für die Erlaubnis war ihre stark angegriffene Gesundheit, eine Folge der schweren Zeit im Waldai und des schwierigen Lebens in der Familie.

Marie von Sivers ging nach Paris, die "Ville Lumière" (Stadt des Lichts) wie man Paris damals nannte. Ihren ursprünglichen Plan, dort vergleichende Sprachwissenschaften zu studieren, gab sie jedoch bald auf. Der Universitätsbetrieb stiess sie ab, und ihre Gesundheit sträubte sich dagegen. "Schlechte Luft und abweisende Augen liessen mich das Heil anderswo suchen: in der lebendigen Sprache und in der Kunst", sagte sie später.[7] Sie studierte die architektonischen Anlagen, die Kunstschätze in den Museen und besuchte die Aufführungen klassischer Werke in den berühmten Theatern von Paris. In der Literatur studierte sie vor allem die Werke der Klassiker und die so genannten parnassischen Dichter. Das war eine zeitgenössische Dichterschule, die sich gegen den Subjektivismus der Romantik stellte und eine unpersönliche Lyrik von wissenschaftlicher Exaktheit und formaler Strenge anstrebte. Ein wichtiger Vertreter dieser Gruppe war u.a. Charles Baudelaire.

In Paris eröffnete sich ihr auch zum ersten Mal die Möglichkeit, eine Schauspielausbildung zu beginnen. Der Leiter einer Schauspielschule, M. Delaunay, wurde auf sie aufmerksam und bot ihr seine Förderung an. Marie von Sivers lehnte aber ab, da sie die "geistige Luftlosigkeit" seiner Ausbildung erschreckte und nahm stattdessen privaten Rezitationsunterricht bei Marie Favart (1833-1908), die lange Jahre erste Kraft an der Comédie Française gewesen war. Mit dieser Frau verband sie bald eine herzliche Freundschaft.

Als Marie von Sivers mit 30 Jahren nach Petersburg zurückkehren musste, hatte sie ihr künstlerisches Empfinden an den Kunstschätzen in Paris geschult, kannte die meisten der künstlerischen Strömungen, die das kommende 20. Jahrhundert prägen sollten und hatte ihren ersten, vom Geist der Poesie befeuerten Rezitationsunterricht absolviert.

Da man Marie's Interesse für das Theater kannte und von ihrer Studienzeit in Paris wusste, wurde sie bald nach ihrer Rückkehr aufgefordert, bei einer Jubiläumsfeier an der früher von ihr besuchten deutschen Schule mitzuwirken. Sie übernahm zwei Rollen: die der Maria Stuart im gleichnamigen Drama von Schiller und auch noch die Hauptrolle in einem eleganten französischen Lustspiel. Mit ihrer Darstellung erweckte sie grosse Begeisterung im Publikum und man äusserte nachdrücklich die Meinung, dass sie die Aufgabe hätte, das Niveau des Theaters wieder zu heben. Auch Maria von

Strauch, eine angesehene Rezitatorin und ehemalige Schauspielerin, die die Regie führte, war dieser Ansicht. Sie setzte sich bei der Familie dafür ein, mit Marie von Sivers weiterarbeiten zu dürfen, um sie auf eine Bühnenlaufbahn vorzubereiten. Die Familie gab schliesslich ihren Widerstand auf, stellte aber die Bedingung, dass ein Engagement nur im Ausland und unter anderem Namen angenommen werden dürfe.

Zu der 20 Jahre älteren Maria von Strauch (1847-1904) entstand eine tiefe Freundschaft. 10 Jahre zuvor hatte Maria von Strauch bei einer einmaligen Begegnung die damals 20-jährige Marie von Sivers noch als "konventionell, leidenschaftslos, kühl, gekünstelt" beurteilt.[8] Jetzt erkannte sie in Marie von Sivers einen Menschen, der die Anlagen in sich trug, das zu verwirklichen, wonach sie selbst ein Leben lang gestrebt hatte: "Freiheit und eine neue Zukunft". Sie war tief berührt von der Weichheit, Wärme und dem Willen zur Wahrheit, der ihr von Marie von Sivers entgegenkam.

Marie von Sivers war in dieser Zeit tief traurig, dass das Leben die Verwirklichung ihrer eigensten Impulse nicht zulassen wollte. In Marie von Strauch fand sie zum ersten Mal einen Menschen, der ihr Hoffnung zusprach, der sie stützte und ermutigte, intime geistige Fragen mit ihr bewegte und intensiv mit ihr an der Entwicklung ihrer künstlerischen Fähigkeiten arbeitete. Sie suchten nach der künstlerischen Sprache, und es war ihnen bewusst, dass sie an einer "neuen Kunst", an etwas Zukünftigem, arbeiteten.[9]

Im Sommer 1899 reisten Maria von Strauch und Marie von Sivers über Wien und andere Städte nach Berlin. Sie waren auf der Suche nach Möglichkeiten für eine Bühnenlaufbahn an deutschen Bühnen. Für Marie von Sivers war dabei nicht so entscheidend, wohin das Schicksal sie bringen würde, sondern vor allem, dass sie Petersburg endlich verlassen konnte, wo sie glaubte, weder seelisch noch physisch mehr atmen zu können.

In Berlin wurde ihr als Debüt die Rolle der Jungfrau von Orléans in einer Matinée des Schillertheaters angeboten. Sie sollte nur noch in den bis zum Debüt verbleibenden drei Monaten die letzten Reste ihrer baltischen Aussprache ausmerzen, da das baltische Deutsch zum Musikalischen neigt und sehr weich und vokalisch ist, und an den deutschen Theatern härter und konsonantischer gesprochen wurde. Sie nahm deshalb Sprachunterricht bei der damals bekannten Berliner Sprechpädagogin und Vortragskünstlerin Serafine Detschy (1857-1927) und drang dadurch auch in die damals moderne Art der Rezitation ein, die das intellektuell Erkannte, das Realistische, Naturalistische über das von innen heraus künstlerisch Erfühlte stellte. Diese Haltung widerstrebte zwar ihrer eigentlichen inneren Natur, doch zeigte sie auch in dieser modernen Art des Sprechens Talent. Marie von Sivers unterzog sich diesem Unterricht über zwei Jahre (bis Oktober 1901) und bewertete ihn später so, dass er ihr die Möglichkeit verschaffte, das von innen heraus instinktiv künstlerisch Erlebte beobachten, beurteilen und pädagogisch verwerten zu können.[10]

Lebenspartnerin von Rudolf Steiner

Der Weg zu Rudolf Steiner

Obwohl nun alle Voraussetzungen für eine erfolgreiche Bühnenlaufbahn gegeben waren, konnte sich Marie von Sivers nicht dazu durchringen, diesen Weg vollen Herzens zu beschreiten. Der Widerspruch zu dem, was sie suchte, war zu gross. Es war eine schwere Zeit inneren Ringens für sie, bis, wie sie später Marie Savitch erzählte, irgendwann im Herbst 1899 an einer Berliner Strassenkreuzung die Entscheidung fiel:

"Es kam an sie eine Einladung zu einer wichtigen Besprechung über ihre Bühnen-Tätigkeit gerade auf dieselbe Zeit, wo sie einen anderen Besuch plante. Sie war innerlich unentschlossen. Für diese Besuche musste man in Berlin in zwei entgegengesetzte Richtungen mit der Strassenbahn fahren. Nur an einer Stelle kreuzten sich die beiden Fahrtrichtungen. Sie stand da vor dieser Strassenkreuzung, noch ganz versunken in einer inneren Unentschlossenheit, als ihr plötzlich klar wurde: hier an dieser Stelle fällt jetzt die endgültige Entscheidung. Bei der einen Verabredung würde es sich handeln um Fragen, die mit der äusseren Bühnenkarriere zusammenhingen: das andere würde sie zu einem neuen Wege führen. Diese letzte Richtung wählte sie sich in jenem Augenblicke. ... Sie erlebte, wie alle Kräfte ihrer Seele sich zur übermässigen Spannung steigerten, wie wenn ihr ganzes durchlebtes Leben sich auf einmal in sie ergoss und vor ihr stand, mit einer gewaltigen Anforderung verbunden."[11]

Marie von Sivers fuhr nicht zu der Besprechung. Damit war die Entscheidung gegen die Fortsetzung einer bürgerlichen Bühnenlaufbahn gefallen. Marie von Sivers blieb aber weiterhin in Berlin. Wenn sie die Theater besuchte, erlebte sie sehr schmerzhaft, wie durch die Art des Schauspiels das Geistige sogar in den klassischen Stücken nicht mehr zum Leben kommen konnte. Ihr Interesse für das Theater schwand deshalb immer mehr.

Marie von Sivers ca. 1900, 33 Jahre alt

Die Sommerferien 1900 verbrachte sie wie so oft im Baltikum an der Ostsee. Dort las sie, in der Einsamkeit der Sanddünen, das im Frühjahr erschienene Drama "Die Kinder des Luzifer" des elsässischen Schriftstellers Edouard Schuré (1841-1929). Schuré wollte, dass das Theater wieder zu einem Tempel werde, und hatte versucht, ein Drama zu schaffen, das die sinnliche Welt mit der übersinnlichen verbinden sollte. Dessen früheres Werk "Die grossen Eingeweihten", eine Geschichte der Geheimreligionen, hatte schon zuvor tiefen Eindruck auf sie gemacht und das Wort Esoterik mit, wie sie sagte, Flammenschrift vor ihre Seele gestellt. "Die Kinder des Luzifer" aber wirkten auf sie wie ein Hammerschlag. Marie von Sivers erlebte dieses Stück als Aufforderung, nach diesem Tempel zu suchen. Es war, wie sie sagte "ein Hinweis auf ein Licht, das nun gefunden werden muss, und wenn es durch dick und dünn gehen sollte".[12] Ihr Lebensthema, die Mysterienkunst, hatte sich ihr enthüllt.

Sie begann noch von ihrem Ferienort aus einen Briefwechsel mit Schuré und fragte ihn, ob sie "Die Kinder des Luzifer" aus dem Französischen ins Deutsche übersetzen dürfte. In einem späteren Brief fragte sie ihn auch, welchen esoterischen Gesellschaften man mit Gewinn angehören könne. Er antwortete ihr, dass er die Theosophische Gesellschaft für die gegenwärtig beste halte und früher auch Mitglied derselben war, sie ihn aber nicht befriedige, da man dort die Bedeutung des Christus immer mehr abschwäche.[13]

Zurück in Berlin suchte sie näheres über die Theosophische Gesellschaft zu erkunden und fand eine Zeitungsannonce, die sie zu einem theosophischen Vortrag über die Mystik des Mittelalters führte. Der Vortragende war Rudolf Steiner.

Auch Rudolf Steiner (1861-1925) stand zu diesem Zeitpunkt an einem entscheidenden Wendepunkt seines Lebens. Erst wenige Wochen zuvor, am Michaelitag 1900, hatte er seine Herausgebertätigkeit für das "Magazin für Literatur" und die "Dramaturgischen Blätter" niedergelegt und war auf der Suche nach einer neuen Tätigkeit. An diesem Tag hatte er auch seinen 2. Vortrag vor Theosophen gehalten, wo er über "Goethes Geheime Offenbarung" sprach und zum ersten Mal so über die geistige Welt sprechen konnte, wie es seinem inneren Erleben entsprach. Vorher musste sein Erleben der Geistigen Welt auf sein Inneres beschränkt bleiben. Er konnte das Geistige durch seine Darstellungen immer nur hindurchleuchten lassen, aber nie direkt esoterisch aussprechen. Erst vor den Theosophen, Menschen, die tiefe innere Fragen hatten, wurde das möglich. Eine Woche danach, am 6. Oktober, begann die daraus entstandene Vortragsreihe über die Mystik, die bis April 1901 einmal wöchentlich stattfand, und zu der nach wenigen Wochen, im Oktober oder November 1900, auch Marie von Sivers erschien. Sie war zu diesem Zeitpunkt 33 Jahre alt, Rudolf Steiner 39 Jahre.

Marie von Sivers unterschied sich durch ihre Haltung und Gebärde bereits äusserlich von anderen Menschen. Nüchternheit, Energie, Selbstzucht und Wille zu esoterischer Schulung waren herausragende Merkmale ihres inneren Wesens. Trotz ihrer Nüchternheit hatte sie ein hingebungsvolles Wesen und ein feines Gespür für Wahres und Falsches in ihrer Umgebung. Rudolf Steiner erzählte später einmal einer gemeinsamen Freundin, "dass schon vor ihrer beider Inkarnationen in der geistigen Welt bestimmt war, dass er nur mit ihr die Anthroposophie ins Jahrhundert hineintragen könne".[14] Marie von Sivers war zu dieser Zeit wahrscheinlich der einzige Mensch, der Rudolf Steiners Impulse wirklich verstand.[15]

Bis zur endgültigen Zusammenarbeit mit Rudolf Steiner vergingen aber noch fast zwei Jahre. Sie blieb zunächst in Berlin, verkehrte in den theosophischen Kreisen und unterhielt auch Kontakte zu Rudolf Steiner. Sie nahm weiterhin Rezitationsunterricht bei S. Detschy und arbeitete an der Übersetzung von "Die Kinder des Luzifer" von E. Schuré, zu dem eine vertrauensvolle Freundschaft entstand.

In der Zeit der ersten Begegnungen mit Rudolf Steiner hatte sie ihn einmal gefragt, warum er nicht Mitglied der Theosophischen Gesellschaft würde. (Sie selbst war der Theosophischen Gesellschaft wahrscheinlich bereits beigetreten.) Er antwortete ihr, dass dasjenige, was er zu vertreten habe, sich dadurch einer falschen Beurteilung aussetzen würde. Denn nach seiner Erkenntnis gäbe es für das Abendland bedeutsamere Impulse als die unverstandene orientalisierende Mystik der Theosophischen Gesellschaft.[16] Diese Antwort muss ihr zu denken gegeben haben, denn am 17. November 1901, also etwa ein Jahr nach der ersten Begegnung und dem oben berichteten Gespräch, stellte sie an Rudolf Steiner die Frage, "ob es nicht doch sehr notwendig sei, eine geistige Bewegung in Europa ins Leben zu rufen", und "ob es nicht möglich sein könnte, diese Weisheiten auf eine mehr dem europäischen Geistesleben entsprechende Art zu geben und unter Berücksichtigung des Christusimpulses?"[17] Diese Frage war nach Rudolf Steiner das entscheidende karmische Zeichen, dass er dem Ruf in die theosophische Bewegung folgen konnte.

Da Marie von Sivers fünf Sprachen fliessend sprach (deutsch, russisch, französisch, italienisch und englisch) wurde sie im Herbst 1901 eingeladen, bei der Gründung einer Theosophischen Loge in Bologna mitzuwirken und bei einem später dort stattfindenden theosophischen Kongress zu dolmetschen.[18] Sie sagte zu und reiste im November 1901 mit einer Bekannten nach Italien, dem Land ihrer Sehnsucht. Sie wäre wohl in Italien geblieben, wenn sie nicht schon bald darauf von Berlin aus gebeten worden wäre, zusammen mit Rudolf Steiner die Leitung der Berliner Loge zu übernehmen. Was sie nicht wusste war, dass Rudolf Steiner ihre Zusage zur Bedingung für sein Mitwirken gemacht hatte.[19] Nach einigen Wochen Bedenkzeit sagte sie zu, obwohl man ihr zur selben Zeit die Leitung der Loge in Florenz angeboten hatte, und sie dadurch in ihrem geliebten Italien hätte bleiben können.[20] Als sie etwas später erfuhr, dass Rudolf Steiner sich entschlossen hatte, auch die Leitung der in Gründung befindlichen deutschen Sektion, also der ganzen theosophischen Bewegung in Deutschland, zu übernehmen, freute sie sich sehr: "Jetzt, wusste ich, würde dieser Unterschied (zwischen morgenländischer und abendländischer Mystik) in helles Licht gerückt und vielleicht auch überbrückt werden."[21]

Sie blieb noch bis Mai 1902 in Italien, tauchte in die Schätze der dort versammelten Kunst ein und dolmetschte auf dem theosophischen Kongress in Bologna. Dabei lernte sie auch, wie negativ die östliche Spiritualität auf westliche Menschen wirken kann, wenn sie nicht richtig aufgenommen wird, und wie geistiger Egoismus daraus entstehen kann. Für die Bewältigung der auf sie zukommenden Aufgaben war das eine wichtige Erfahrung.[22]

Im Juni und Juli 1902 war Marie von Sivers in London bei der Leiterin der Theosophischen Gesellschaft, Mrs. Annie Besant (1847-1933) zu Gast, die sie offenbar in Bologna persönlich kennen gelernt hatte, und für die sie eine grosse Bewunderung empfand.[23] Im Juli reiste dann auch Rudolf Steiner nach London, um während der Generalversammlung der Theosophischen Gesellschaft die Gründung der deutschen Sektion und seine eigene Rolle darin mit der Gesellschaftsleitung abzustimmen.

Im September 1902, nach der Rückkehr von Marie von Sivers nach Berlin, begann die dann 23 Jahre dauernde Zusammenarbeit. Rudolf Steiner schrieb am 25. September: "Fräulein von

Sivers waltet bereits ihres Amtes. Sie ist wirklich eine glänzend grosse Erscheinung innerhalb der jetzigen Misere. Ich bin froh, dass sie da ist. In jeder Beziehung kann ich auf sie bauen."[24]

Marie von Sivers brachte vier Persönlichkeiten mit zu Rudolf Steiner:

- Ihren Brieffreund Edouard Schuré. Mit seinem Werk "Das heilige Drama von Eleusis" wurde 1907 die Reihe der Mysterienfestspiele in München eröffnet.
- Ihre Lehrerin und Freundin Maria von Strauch, die bereits kurz danach, 1904, starb, aber von Rudolf Steiner später als Schutzgeist und Inspiratorin der Münchner Mysterienspiele aus der geistigen Welt heraus bezeichnet worden ist.[25]
- Ihre Schwester Olga, die sich tief mit der Anthroposophie verband, und mit der sich Rudolf Steiner persönlich verbunden fühlte.[26]
- Ihre Mutter Caroline, die wiederholt nach Deutschland reiste und aus der Entfernung mit innerer Stille den Gesprächen zwischen Rudolf Steiner, Marie und Olga zuhörte.[27] In das bis dahin oft äusserst gespannte Verhältnis zur Tochter kehrten dadurch Ruhe und Versöhnung ein: "Dass er so klug ist und so bedeutend und so viel Ansehen hat, das macht es für mich nicht aus; aber das er so gut ist", sagte sie. Sie starb im Beisein von Marie von Sivers während der Festspielwochen 1912 in München.[28]

Beginn der Zusammenarbeit, Freundschaft

Zwischen Marie von Sivers und Rudolf Steiner entstand sehr schnell eine tiefe Freundschaft. Das zwischen ihnen herrschende, unglaublich harmonische Band, ihre seelisch-geistige

Übereinstimmung und Zusammengehörigkeit wurden bald auch nach aussen deutlich sichtbar.[29] Sie verkehrten nicht nur in den theosophischen Kreisen miteinander, sondern besuchten auch gemeinsam die anderen Kreise, die Rudolf Steiner damals umgaben. Dabei wurde ihr deutlich, dass ihn in diesen Kreisen niemand wirklich verstand. Man mochte und liebte ihn, aber für das Tiefe in seinen Worten hatte man kein Ohr.[30]

Rudolf Steiner war zu dieser Zeit verheiratet. Er hatte seine Frau Anna Eunike (1853-1911) schon zwölf Jahre zuvor in Weimar kennen gelernt, als er bei ihr als Untermieter wohnte und ihr bei der Erziehung ihrer fünf Kinder - sie war jung verwitwet - half. Nach siebenjähriger Freundschaft, Rudolf Steiner lebte dann bereits zwei Jahre in Berlin, hatten sie am 31. Oktober 1899 geheiratet.

Anfang 1903 zog Rudolf Steiner zusammen mit seiner Frau Anna in ein Haus in dem Berliner Vorort Schlachtensee, in dem auch Marie von Sivers wohnte. Auf der Suche nach besseren Arbeitsmöglichkeiten wurde im Oktober 1903 ein Haus im Berliner Zentrum angemietet, die "Motzstrasse 17", das für die folgenden 20 Jahre das Zentrum der anthroposophischen Arbeit in Berlin wurde. Anna Steiner zog zwar noch mit in die Motzstrasse, trennte sich aber ein halbes Jahr später von Rudolf Steiner und zog wieder aus. Sie konnte die enge Verbindung, die durch die Zusammenarbeit zwischen Rudolf Steiner und Marie von Sivers entstanden war, nicht verstehen und gutheissen. Rudolf Steiner konnte ihr nicht deutlich machen, dass die Ursache für die enge Verbindung nicht in persönlichen Beweggründen lag, sondern mit seiner Lebensaufgabe zusammenhing. Obwohl nach dieser Trennung Marie von Sivers, wie einem Brief von Maria Strauch zu entnehmen ist, anscheinend über die Möglichkeit einer Eheschliessung mit Rudolf Steiner nachdachte, kam es zunächst nicht dazu. Unabhängig von allen damals üblichen bürgerlichen Moralvorstellungen heirateten sie erst im Jahre 1914, drei Jahre nach dem Tod von Anna Steiner-Eunike; zu einer Scheidung war es nie gekommen.[31]

Nach dem Auszug von Anna Steiner aus der Motzstrasse 17 übernahm sie auch die Organisation der Haushaltsführung. Bei dem ausgefüllten Programm, der ständigen Eile und dem ständigen Besucherstrom dürfte das trotz der vielen Helfer keine leichte Aufgabe gewesen sein.

Marie von Sivers war Mitbegründerin und Mitarbeiterin der von 1904-1914 bestehenden "Erkenntniskultischen Abteilung der Esoterischen Schule". Einer der Schüler, Adolf Arenson berichtete, wie Rudolf Steiner während des Kultus einmal darauf hingewiesen habe, "dass die Mitarbeit von Marie von Sivers in einem vollberechtigten Sinne zu nehmen sei, nicht symbolisch wie bei uns anderen."[32]

Da die Verleger Rudolf Steiners seine Schriften für ihre eigenen Geschäftsinteressen benutzten, und um ihn vor dem durch die Verleger ausgeübten Termindruck zu schützen, begann Marie von Sivers verschiedene Publikationen zunächst im Selbstverlag herauszugeben, bis sie 1908 einen eigenen Verlag gründete, den "Philosophisch-Theosophischen Verlag", der 1913 in "Philosophisch-Anthroposophischer Verlag" umbenannt wurde.

1905 bat sie Rudolf Steiner um die Erlaubnis, seinen Vortragszyklus über "Schiller und unser Zeitalter" im Selbstverlag herausgeben zu dürfen: "Die Vorträge sind so schön. Dürfen wir?"[33] Sie hatte die Vorträge zusammen mit einer Freundin so gut es ging mitgeschrieben und in den Nächten danach überarbeitet. Rudolf Steiner hatte Bedenken, willigte aber ein. Damit war der Keim gelegt zu einer umfangreichen Heraus-

Rudolf Steiner 1905, 44 Jahre alt

Marie von Sivers 1906, 39 Jahre alt

gebertätigkeit. Zunächst waren es nur wenige Vorträge, die von Marie von Sivers herausgegeben wurden, aber da immer wieder Zuhörer ihre eigenen Notizen, die oft Falsches enthielten, selbst verbreiteten, wurden ab 1909 offizielle Stenographen bestellt, die die Vorträge mitschrieben.

"Wenn die Stenographen ihre Stenogramme in Klartext übertragen hatten, lieferten sie ihre Ausschriften bei Marie von Sivers ab. Da Rudolf Steiner selbst nicht die Zeit hatte, sie durchzusehen, wehrte er sich damals noch sehr gegen einen Druck: 'Er litt daran, weil er das gesprochene Wort nicht als geeignet für den Druck betrachtete. Die Ungenauigkeiten, die unvermeidlich sind, wenn der gehetzte Stenograph nicht dem nachkommen kann, was im Feuer des geistigen Erlebens gesprochen wird, schmerzten ihn.' Da jedoch ein so grosses Bedürfnis nach den Vortragsinhalten bestand, übernahm es Marie von Sivers, die Texte durchzusehen, später zog sie auch noch andere dazu heran und legte nur sehr fragliche Stellen Rudolf Steiner vor. Sie liess sie ins Reine schreiben und dann vervielfältigen, allerdings anfänglich nur in Kopien, soviel die Schreibmaschinen hergaben."[34]

Im Dezember 1909 schrieb sie: "Wir haben nun mit der Vervielfältigung der Vorträge Rudolf Steiners begonnen. Das ist sehr kompliziert. Statt eines Fräuleins habe ich vier anstellen müssen (wobei die Stenographen nicht mitgerechnet sind), und das genügt nicht, ich muss noch mehr nehmen. Eine ganze Fabrik habe ich einrichten müssen, wir brauchen Maschinen, Zimmer voller Schränke und Regale für all diese Papiere, und freiwillige Helfer, die das alles in Ordnung halten. Ich weiss nicht, wohin mich das führen wird, aber einmal angefangen, musste es weitergehen, und nun nimmt diese Arbeit enorme Proportionen an. Drucken können wir nicht, weil Herr Steiner aus Zeitmangel nichts durchsieht. Wie viel einfacher das doch wäre!"[35]

Ab 1910 liess sie die Vorträge dann aber doch drucken. Bis zu ihrem Tod legte sie die grösste Sorgfalt auf die Überarbeitung der Nachschriften und den richtigen Umgang damit und scheute diesbezüglich keinen Konflikt. Die ca. 4'500 Stenogramme bilden heute den grössten stenographischen Nachlass der Menschheit. Er ist nahezu vollständig in der Rudolf Steiner Gesamtausgabe veröffentlicht. Nach der Ansicht von Hans Peter van Manen war es einer der tiefsten karmischen Anliegen von Marie von Sivers, das Werk Rudolf Steiners so vollständig als irgend möglich für die Nachwelt zu erhalten.[36]

Marie von Sivers war ein Mensch, dem Rudolf Steiner vollständig vertraute. Als sie sich z.B. Sorgen machte wegen ihrem Vorwort zu den oben erwähnten "Schiller und unser Zeitalter"-Vorträgen, schrieb er ihr: "... Mache Dir doch keine Sorgen darüber, dass mir etwas nicht recht sein könnte. Was Du tust, entspringt schon immer den rechten Impulsen."[37] So hoch schätzte er ihre Arbeit.

War Rudolf Steiner abwesend, hatte sie ihn in allen möglichen Zusammenkünften zu vertreten. Später wurde sie von ihm des Öfteren zu den immer häufiger werdenden Krisensitzungen geschickt, um für Rudolf Steiner wahrzunehmen und unter Umständen ordnend einzugreifen. Und nicht zuletzt war sie auch Sprecherin Rudolf Steiners, wenn er selbst nicht sprechen durfte, d.h. wenn Menschen zurechtzuweisen waren, die seine Schüler waren. Ausserdem versuchte sie, soweit als möglich, Rudolf Steiner vor dem Zerrissenwerden durch seine Anhänger und Verehrer zu schützen. Denn Rudolf Steiner war sehr liebenswürdig. Da ihm das Dasein für andere eine Verpflichtung war, hatte er, ungeachtet seiner Gesundheit und den drängenden Aufgaben, Zeit für jeden, der an ihn herantrat. Von Schonung seiner Kraft durfte man ihm nicht sprechen.[38] Marie von Sivers aber erkannte in der Art, wie sich die Menschen an Rudolf Steiner drängten, die grösste Gefahr für seine Gesundheit und sein Leben. Diese Aufgaben haben ihr begreiflicherweise viele Antipathien eingetragen. Auch viele Antipathien, die sich eigentlich gegen Rudolf Steiner richteten, zog sie dadurch auf sich.

Ab 1907 wurde die unterschiedliche geistige Haltung von Rudolf Steiner und Annie Besant, der Leiterin der übergeordneten internationalen Theosophischen Gesellschaft, offenkundig. Ihre Auffassungen über das Christentum und die Art geistiger Schulung waren so verschieden, dass es 1909 zu einer klar ausgesprochenen Trennung ihrer geistigen Wege kam. Ab 1911 begann eine Zeit aktiver Agitation gegen die von Rudolf Steiner und Marie von Sivers geführte deutsche Sektion.[39] Da Marie von Sivers "der organisatorische Teil und die Sekretär-Arbeit innerhalb der Gesellschaft oblag, musste sie der feindlichen Haltung von Mrs. Besant entgegentreten und das Entstehen der Anthroposophischen Gesellschaft organisieren. Es war eine Aufforderung, die das Leben mit sich brachte und es erweckte in ihr, was durch die Überanstrengung der Kräfte, durch die Zurückhaltung in ihrem Wesen, durch ihre Bescheidenheit in ihr noch verborgen waltete: die Kampf-Natur. Und von da an, unerschrocken, gebieterisch, führte sie den Kampf gegen jede Unwahrheit und Unaufrichtigkeit."[40]

Am 28.12.1912 wurde dann die Anthroposophische Gesellschaft gegründet, bei der Marie von Sivers zusammen mit Carl Unger und Michael Bauer den Vorsitz übernahm. Damit konnte die Absicht Rudolf Steiners verwirklicht werden, nur als Lehrer und geistiger Leiter tätig zu sein und kein Amt in der Anthroposophischen Gesellschaft zu übernehmen.[41]

Ihr Einsatz für die Kunst

Einer der tiefsten Berührungspunkte zwischen Marie von Sivers und Rudolf Steiner war die Kunst. Die in viele Städte Europas führenden Reisen gaben ihnen Gelegenheit, die in Europa versammelten Kunstwerke in unmittelbarer Anschauung kennen zu lernen. Rudolf Steiner schreibt in seinem Lebensgang, dass deren gemeinsame Betrachtung und die sich daran anknüpfenden Gespräche von grosser Bedeutung für die Entwicklung seines eigenen künstlerischen Empfindens waren.[42]

Rudolf Steiner empfand Marie von Sivers elementare, künstlerisch gefühlsgetragene Abneigung gegen alles Sentimentale und Unwahre als grosses Glück für die anthroposophische Bewegung. "Das Künstlerische, das von Empfindung und Gefühl zwar getragen wird, das aber aufstrebt zur lichterfüllten Klarheit in der Gestaltung und Anschauung, kann das wirksamste Gegengewicht gegen die falsche Sentimentalität geben" schreibt er dazu in seinem Lebensgang.[43]

Er riet ihr, die Arbeit an der Sprache "durchaus nicht fallen zu lassen, im Gegenteil, die erworbenen Erfahrungen auf diesem Gebiet zu verwenden, um das rhythmische und plastisch-musikalische Element in der Sprache bewusst zu pflegen und dadurch auf die Kunst der Rezitation reformierend zu wirken".[44] Denn anders als die meisten Künstler wollte Marie von Sivers Geisterkenntnis und künstlerisches Wirken verbinden. Dadurch gab sie Rudolf Steiner die Möglichkeit, die "Fruchtbarkeit der Geistesanschauung für die Kunst" zu erproben. "Wir wuchsen dadurch, dass wir mit der Geist-Erkenntnis Kunst entfalten durften, immer mehr in die Wahrheit des modernen Geist-Erlebens hinein".[45] "Anthroposophie, aber auch dichterische und rezitatorische Kunst gemeinsam zu pflegen, war uns bald Lebensinhalt geworden" schrieb Rudolf Steiner später über diese Zeit.[46] Man kann nur ahnen, was es für Marie von Sivers bedeutet haben muss, Rudolf Steiner als Lehrer zu haben. Mit seiner Hilfe wurde es ihr möglich, das

Geistige konkret-lebendig in ihre Sprachkunst aufzunehmen und das, was später anthroposophische Sprachgestaltung genannt wurde, zu erarbeiten.

Marie von Sivers 1906, 39 Jahre alt

Nach etwa drei Jahren Arbeit gab Marie von Sivers am 7. Mai 1906 ihre erste Rezitationsbeigabe zu einem Vortrag Rudolf Steiners, die Dichtung "Eleusis" von Hegel. Ein halbes Jahr später, zu Weihnachten 1906, gab er ihr seinen ersten gedichteten Wahrspruch "Die Sonne schaue um mitternächtige Stunde", damit sie ihn bei einer Weihnachtsfeier vortrüge. Sie erlebte die Aufgabe, "diese Wucht des wie in Quadern gemeisselten Wortes in den tönenden Laut zu formen, als einen der grossen Wendepunkte ihres Lebens, als einen Wendepunkt für das Seelen-Innere".[47] Von da an kam es immer öfter zu Rezitationsbeigaben vor Vorträgen Rudolf Steiners. 1909 gab sie ihre erste Matinée: "Geistliche Lieder" und "Marienlieder" von Novalis, weitere Matinéen zu anderen Dichtern folgten.

Als 1907 in München zum ersten Mal ein Theosophischer Kongress in Deutschland stattfinden sollte, waren Rudolf Steiner und Marie von Sivers fest entschlossen, diesen Kongress künstlerisch zu gestalten und mit einem Mysterienspiel zu verbinden. Dazu erwirkten sie die Erlaubnis von Edouard Schuré, sein "Heiliges Drama von Eleusis" aufzuführen. Innerhalb von sechs Wochen wurde das von Marie von Sivers übersetzte Drama von Rudolf Steiner in freie Rhythmen gebracht, der gemietete Kongresssaal zu einem Mysterienraum umgestaltet, die Kulissen und Kostüme hergestellt und das ganze Spiel mit Mitgliedern der Theosophischen Gesellschaft einstudiert. Marie von Sivers hatte als Demeter die Hauptrolle inne. Die Aufführung des ersten Mysterientheaters der Neuzeit fand am 19. Mai 1907, einem Pfingstsonntag, am Nachmittag statt und wurde von vielen Zuschauern als "einfach übermenschlich" erlebt.[48] Das war etwa sieben Jahre nachdem Marie von Sivers auf der Suche nach dem Mysterientheater Rudolf Steiner begegnet war.

Eine junge vermögende Holländerin, die Malerin Marie Elisabeth (Mieta) Waller und spätere enge Freundin, war von den Aufführungen so beeindruckt, dass sie 1908 Marie von Sivers anbot, "dem Wort Rudolf Steiners einen Tempel zu bauen". Marie von Sivers erläuterte ihr, dass dafür die Mittel nicht ausreichten und schlug stattdessen vor, weitere Mysteriendramen aufzuführen.[49] Da ihr Plan die Zustimmung Rudolf Steiners fand, wurden von 1909 bis 1913 jedes Jahr so genannte Festspielwochen in München veranstaltet. Dabei wurden innerhalb von sechs bis acht Wochen ein, zwei, drei oder vier Mysteriendramen mit Mitgliedern einstudiert und aufgeführt: 1909 "Die Kinder des Luzifer" von Edouard Schuré und von 1910 bis 1913 die vier Mysteriendramen Rudolf Steiners, die bis auf das erste Drama immer erst während der Probenzeit niedergeschrieben wurden.

Obwohl diese Wochen eine grosse Anstrengung bedeuteten und eingezwängt waren neben den vielen davor und danach und daneben bestehenden Verpflichtungen, empfanden Marie von Sivers und Rudolf Steiner diese Zeit stets als schönste Zeit des Jahres. Marie von Sivers Darstellung der Hauptrollen muss ein tiefes Erlebnis für die Zuschauer gewesen sein. Carl Unger z.B. schrieb, dass er "durch ihre wahrhaft kongeniale Wiedergabe echte Wahrheitsimpulse für's Leben gewinnen konnte".[50]

Von Anfang an war es als notwendig empfunden worden, für die Mysterienspiele einen Rahmen zu schaffen, in dem diese sich entfalten konnten. Durch den wachsenden Zustrom an Menschen entstand bald der Bedarf nach grösseren Räumen, so dass im Kreis der Freunde der Wunsch entstand, den Mysterienspielen eine eigene, würdigere Stätte zu bauen. Als Marie von Sivers dies 1911 den Festspielteilnehmern mitteilte und um Unterstützung des Vorhabens bat, empfand sie, wie ihr Schicksal in diesem Moment über ihr schwebte.[51] Die Behörden in München verzögerten jedoch die Zustimmung zu dem Bau. Da Schweizer Freunde einen Bauplatz auf dem Hügel von Dornach anboten, wurde dort 1913 mit dem Bau des ersten Goetheanums begonnen, welches vor 1917 noch Johannesbau genannt wurde.

Die Tätigkeiten von Marie von Sivers lassen sich in zwei Gebiete unterscheiden. Das eine sind Tätigkeiten, in denen der starke Impuls von Marie von Sivers sichtbar wird, der Persönlichkeit und der Mission von Rudolf Steiner zu dienen. In dem, was mit der Wortkunst, der Bühnenkunst und der Erneuerung der Mysterienkunst in Form des Mysterientheaters zu tun hat, darin diente Marie von Sivers einem Impuls, der ihrer eigenen Persönlichkeit entsprang. Und hier war es nun Rudolf Steiner, der ihr half und es ihr ermöglichte, der Verwirklichung dieses Impulses nachzugehen. Wenn man sieht, wie aus den Mysterienspielen in München der Impuls zum Bau des ersten Goetheanums hervorging, das von Rudolf Steiner auch das Haus des Wortes genannt wurde, dann muss auch die Entstehung des ersten Goetheanums in einem intimen Zusammenhang mit den Impulsen von Marie von Sivers gesehen werden.

Persönlichkeit und Opfer

Marie von Sivers war ein lebhafter und temperamentvoller Mensch mit einer mächtigen Stimme. Sie konnte herzlich lachen und sich ebenso empören. Margarita Woloschin berichtet von der Münchner Festspielzeit, wie schön es war, "neben diesem grossen Ernst ihre kindliche Unmittelbarkeit, ihren Humor zu erleben und ihr Lachen, über das sie oft nicht Herr wurde, so dass sie ihren Monolog nicht anfangen konnte".[52]

Sie war nicht gross, zierlich und bewegte sich schnell und leicht. Ihre Haltung und ihre Gebärden verrieten die adelige Erziehung. Im Umgang mit Menschen war sie manchmal etwas steif, auch unnahbar, und die sich am Anfang des Jahrhunderts lockernden Gewohnheiten, die lässig übergeschlagenen Beine der Damen in den vorderen Stuhlreihen bereiteten ihr schmerzliche Empfindungen.[53]

Wenn man sich klar macht, dass die obige Liste ihrer Tätigkeiten mühelos um wichtige Punkte verlängert werden könnte, und wenn man sich klarmacht, was jede dieser Aufgaben an Einsatz verlangt, dann kann man ahnen, was Marie von Sivers in den 23 Jahren an Rudolf Steiners Seite geleistet hat. Sie brauchte dafür nicht nur Arbeitskraft und Ausdauer, sondern musste, was da alles bewältigt werden sollte, auch geistig zusammenhalten können.

Marie von Sivers hatte ein ausgeprägtes Organisationstalent. Sie konnte ausgezeichnet rechnen, gut mit Geld umgehen, hatte einen Blick für Einzelheiten und war hellwach. Was sie nicht vergessen wollte, vergass sie auch nicht. Ein "daran habe ich nicht gedacht" kam bei ihr nicht vor.[54]

Das von Rudolf Steiner für die Anthroposophische Gesellschaft gegebene Motto: "Die Weisheit ist nur in der Wahrheit" war einer der Grundtriebe Marie von Sivers. Mit ihrem feinen Ohr, ihrem ganzen Empfinden prüfte sie alles auf Wahrheit und war kompromisslos gegen alles, was sie als dekadent und chaotisch erlebte. Ihr Organ für das Erleben des anderen Menschen und seiner Situation war allerdings nicht genauso stark ausgeprägt wie ihr Organ für die Wahrheit, so dass sie oft nur wenig Toleranz für Wege aufbringen konnte, die ihr falsch erschienen. Dann konnte sie sehr heftig kritisieren und ironisch und sarkastisch werden. Im Grunde richteten sich diese Äusserungen aber nie gegen die Person, sondern galten immer der Sache. Für empfindliche Seelen war das aber nichts.

Tatkraft und unbeugsamer Wille im Äusseren verbanden sich

in Marie von Sivers mit einem reinen, selbstlosen Kern im Innern, den der russische Schriftsteller Andrej Belyi mit einem durchsichtigen Kristall verglich.[55] Er schildert sie so: "..., unter der Selbstbeherrschung, die in manchen Augenblicken als kalter Stolz erscheinen konnte, glühte das Feuer eines echten Vulkans; sie konnte mit heisser, unaufhaltsam strömender Liebe überschütten, sie konnte mit einem unangenehmen Gesichtsausdruck jemanden wegen einer Kleinigkeit schikanieren, sie konnte ein eisbedeckter Ätna sein: wenn manchmal das "Fräulein von Sivers" erschien: nur Eis, reserviert. Siverko (nicht umsonst heisst sie Sivers!). Aber unter dem Eis funkelten die grossen Augen: in Zorn oder Liebe".[56] Er beschreibt, wie sie dadurch von Anfang an die Menschen in zwei Parteien trennte: In Menschen, die sie von einer sonnenhaften Ausstrahlung umgeben erlebten und in Menschen, die sie für eine trockene, pedantische und stolze Person hielten.

Marie von Sivers stand frei, schöpferisch und voll Initiative neben Rudolf Steiner, obwohl sie sich seiner Grösse und des Abstandes zwischen ihm und den anderen, zu denen sie sich auch selber zählte, voll bewusst war. In ihrem Urteil war sie unabhängig und hatte keine Scheu, ihre eigene Meinung zu äussern, auch wenn sie der Ansicht Rudolf Steiners widersprach. Rudolf Steiner gab viel auf ihr Urteil.[57]

Die Arbeit für den Aufbau der Anthroposophischen Gesellschaft und Kunst forderte aber auch grosse Opfer von Marie von Sivers. Sie musste ihre persönliche esoterische Entwicklung zumindest zu einem Teil hinter den Tagesbetrieb zurückstellen. Am 12. Februar 1906 schreibt sie in einem Brief: "Herr Steiner beklagt oft, dass ich mich so für alle diese Leute in Stücke reissen und dabei mein eigenes geistiges Leben ganz vernachlässigen muss, diese 'Entwicklung', die alle anstreben und für die er mich als prädestiniert bezeichnet. Aber gegenwärtig lässt sich nichts ändern. Es scheint mir vielmehr, dass ich alles zurückstellen muss, was mich abhalten könnte von den tausend Pflichten, dass ich versuchen muss, für die anderen eine Brücke zu sein und dass ich auf eine neue Inkarnation warten muss, wenn sich vielleicht ein neuer pythagoräischer Garten auftut, wo man den rastlosen Ablauf der Stunden und das Getriebe der Hauptstadt vergessen kann."[58]

In einem Brief vom 14. August 1906 begründete Rudolf Steiner die okkulte Notwendigkeit ihres Opfers: "Gern glaub ich Dir, dass Dein armer Kopf in diesen Tagen schwer Briefe schreiben kann. Was hat aber auch dieser gute Kopf in der letzten Zeit alles leisten müssen! Aber er darf den Mut nicht verlieren. Er muss sich wieder finden. Er ist ja doch so voll der richtigsten Empfindungen. Und er ist augenblicklich ja doch nur durch die äusseren Verhältnisse beunruhigt, während er innerlich zur Ruhe und Gelassenheit geradezu prädestiniert ist. Sieh mal, das ist einmal das Notwendige beim Okkultismus, dass er die Möglichkeit, in der Welt Kraft zu entfalten, nur dann erlangt, wenn dies auf Kosten des Nichtanwendens der Kraft auf sich selbst geschieht."[59]

Diese Ausführung darf aber nicht so verstanden werden, dass Marie von Sivers keine esoterische Entwicklung durchmachte. Es war vielmehr so, dass Marie von Sivers die Fähigkeit zu esoterischer Entwicklung nicht für sich persönlich nutzte, sondern sie in Tatkraft für ihre äussere Arbeit verwandelte.

Der überaus harte Arbeitseinsatz belastete Marie von Sivers' von Natur aus zarten Organismus schwer. 1906 zeigten sich bei ihr erste Erschöpfungserscheinungen. Da sie miterlebte, wie sich auch die Kräfte Rudolf Steiners erschöpften, hätte sie ihm gerne eine Art Eremitage verschafft, in der er ungestört arbeiten hätte können. Das war nicht möglich, aber immerhin verbrachten sie von da an jedes Jahr eine oder mehrere Wochen in Italien und einige Tage bei ihrem gemeinsamen

Freund Edouard Schuré im Elsass. Im Januar 1911 erkrankte sie schwer und musste drei Monate unter der Pflege Rudolf Steiners in Italien verbringen. 1912 war ihre letzte private Italienreise. Danach waren wegen des Baubeginns in Dornach und dem ein Jahr später ausbrechenden Ersten Weltkrieg keine privaten Reisen mehr möglich.[60]

Erster Weltkrieg, Dornach

Im August 1914 sollte in München das Fünfte Mysteriendrama von Rudolf Steiner verfasst und aufgeführt werden. Aber am 1. August brach der Erste Weltkrieg aus, wodurch die in der Öffentlichkeit langsam bekannt werdende Anthroposophie ins Abseits gezwungen und durch die Kriegswirren überdeckt wurde. Marie von Sivers beschrieb Jahre später diesen Tag so: "Uns traf der Schlag in Bayreuth. Es war eine Nachmittagsvorstellung, Kirchhoff sang den Parsifal. Gleich darauf musste er abreisen, sich stellen. Wir sausten die Nacht durch im offenen Auto, so viele Menschen als Vertreter verschiedener Nationen. Fahl die Nacht, geisterhaft. Die gewehrbewaffneten Brücken- und Geleisewächter äusserst misstrauisch - wir zerzaust und ziemlich wild ausschauend in unsern schnell gekauften Wolljacken und Kappen und passlos. Die Liebenswürdigkeit, die gewinnende Art Rudolf Steiners überwand die Schwierigkeiten; allein wäre es uns anders gegangen. Die Grenzbehörden waren coulant! Woher kommen Sie? Aus Bayreuth. Ah, und das sind wohl ihre Kostüme? Ja. Fertig. Der Schlagbaum wurde hinter uns zugeklappt! Hinter uns versank eine Welt in Not und Jammer, ihrem dunkelsten Geschick entgegen. Es war der schwerste Tag im Leben Rudolf Steiners. So niedergedrückt hatte ich ihn noch nie gesehen."[61]

Am 24. Dezember 1914 heirateten Marie von Sivers und Rudolf Steiner. Dafür gab es vor allem zwei Gründe: Zum einen,

Marie Steiner von Sivers 1915, 48 Jahre alt

damit Marie von Sivers wieder Bewegungs- und Handlungsfreiheit im kriegführenden Deutschland bekam, denn sie war dem Pass nach Russin. Zum anderen aus Sorge um den Nachlass Rudolf Steiners. Dieser hatte zwar schon Testamente zugunsten Marie von Sivers geschrieben, in denen ihr der gesamte Nachlass zugesprochen wurde, doch erst unter Ehepartnern ist ein günstiger und sicherer Vollzug solcher Testamente gewährleistet.

Die längst geplante Ehe führte im Sommer 1915 zu einer richtigen Krise in der Gesellschaft. Feindseligkeiten gegen Marie Steiner und auch gegen Rudolf Steiner wurden laut, Gerüchte wurden gestreut. Man neidete ihr die Auszeichnung, als Rudolf Steiner's Frau an seiner Seite zu stehen. Von Rudolf Steiner wurden diese Vorfälle sehr ernst genommen, da er diese Vorfälle als ein Symptom dafür nahm, "dass die Lehre nicht so ganz unpersönlich genommen wurde, und mancher auf dem Weg war, auf die Lehre und den Lehrer weniger Gewicht zu legen als auf den Menschen".[62]

Im selben Jahr im Sommer 1915 veröffentlichte Rudolf Steiner eine kleine Schrift "Gedanken während des Krieges - Für Deutsche und diejenigen, die nicht glauben, sie hassen zu müssen". Die Intention dieser Schrift wurde von vielen Freunden nicht verstanden. Eine der heftigsten Attacken kam im Frühjahr 1916 von Edouard Schuré, der Rudolf Steiner und Marie Steiner Nationalismus vorwarf und Marie Steiner beschuldigte, dass sie ihn, Schuré, zu einem Werkzeug des Deutschtums habe machen wollen. Gleichzeitig erklärte er seinen Austritt aus der Anthroposophischen Gesellschaft.[63]

Marie Steiner war nach ihren eigenen Worten von diesem "Wahnsinnsanfall" Schuré's so schwer getroffen, dass sie "drei Tage regungslos lag" und ihre später bei Schocks auftretenden Lähmungserscheinungen, die bewirkten, dass sie zeitweise im

Rollstuhl gefahren werden musste, darauf zurückführte.[64] Für Rudolf Steiner stellten diese und ähnliche Angriffe den Versuch dar, ihn und Marie Steiner vom Goetheanumbau zu trennen, so "dass es uns unmöglich gemacht wird, jemals mitzuwirken bei demjenigen, was an diesem Bau geschieht".[65]

Auf seine Veranlassung trat Marie Steiner 1916 aus dem Vorstand der Anthroposophischen Gesellschaft aus. Sie sollte von nun an, so wie Rudolf Steiner auch, als Privatperson aufgefasst werden. Sie selbst bezeichnete ihre eigene Situation im Rahmen der Anthroposophischen Gesellschaft seit dieser Zeit als "Leiterin der Eurythmie".[66]

Leiterin der Eurythmie

Während des Ersten Weltkrieges waren die äusseren Aktivitäten stark auf Dornach beschränkt. Die Arbeit konzentrierte sich jetzt besonders auf die Kunst. Andrej Belyi beschreibt die veränderte Situation so: "In Dornach wurde das Sekretariat in den Bau verlegt ... und so die neue Wohnung des Doktors, die Villa Hansi, entlastet; die Form hatte sich verändert: es gab keine Verwaltungshetze mehr, dafür aber "Kunst"; jetzt kamen die Eurythmistinnen; und wenn Rudolf Steiner und Marija Jakovlevna (russische Anrede unter etwas Näherstehenden für Marie Steiner) verreist waren, wurde sogar im kleinen Esszimmer der Tisch zur Seite gerückt und geprobt. Aber der Stil von geflügelter Eile blieb: die Zimmer waren ebenso klein, nur glühten sie von Farben und Blumen; es war wie im Atelier eines Malers, der aus nichts Farbigkeit entstehen lässt: hier ein achtlos hingeworfenes Tuch, dort ein mitten in den Raum gestellter Sessel. Von der Villa Hansi bleibt in meiner Erinnerung vor allem die liebenswerte Farbigkeit ihrer einfachen Einrichtung; statt der Remingtons Rezitation und Blumen, die durch die offenen Fenster hereinschauten".[67]

Marie Steiner von Sivers 1915
48 Jahre alt

Marie Steiner hatte, als der Erste Weltkrieg alle Initiativen zum Erlahmen bringen wollte, begonnen, sich aktiv der Entwicklung der Eurythmie zu widmen. Zuvor hatte sie bereits interessiert verfolgt, wie Lory Maier-Smits zusammen mit anderen Mädchen die Angaben Rudolf Steiners zur Eurythmie ausarbeitete, und der jungen Kunst auch ihren Namen gegeben, war aber noch nicht selbst aktiv daran beteiligt. Als sich in den Wirren des Ersten Weltkrieges kein Leiter eines anthroposophischen Zweiges bereitfand, "den jungen Mädchen in ihrer scheinbar unzeitgemässen Arbeit zu helfen", nahm sie sich der Sache an. Sie sorgte dafür, dass in Berlin und Dornach Räume zur Verfügung gestellt wurden, und begann sowohl in Dornach als auch in Berlin mitzuarbeiten. Unter ihrer Hand entwickelte sich die junge Kunst sehr rasch. Sogar Rudolf Steiner soll darüber erstaunt gewesen sein, was durch ihre Arbeit in kurzer Zeit aus seinen ersten wenigen Angaben und Anregungen entstanden war. Marie Steiner veranlasste auch, dass in der Schreinerei neben dem Goetheanumbau ein Bühnenpodium erstellt wurde, so dass jede Woche vor den Vorträgen Rudolf Steiners die eurythmischen Fortschritte gezeigt werden konnten. Mit Rudolf Steiners Hilfe begann sie, Szenen aus Goethes

Faust und aus den Mysteriendramen, in denen Übersinnliches dargestellt wird, eurythmisch-dramatisch zu gestalten. An deren Vorführung schloss Rudolf Steiner dann geisteswissenschaftliche Erklärungen an.[68]

Marie Steiner übte selbst mit Begeisterung Eurythmie und stand anfangs auch noch selber auf der Bühne, z.B. während der Osterfeier 1915 als Erdgeist, unsichtbar verborgen unter von der Decke hängenden roten, schwarzen und grauen Bändern, die durch ihre Eurythmie in flammende Bewegung gerieten.[69] Dabei erkannte sie, dass gleichzeitiges Sprechen und Eurythmisieren auf der Bühne nicht angemessen ist, und konzentrierte von da an ihre Kraft auf die Ausbildung einer Sprechweise, die die Eurythmie tragen konnte, und auf die Ausbildung der Eurythmistinnen.[70]

Täglich, stundenlang und über Jahre rezitierte sie für die Proben, gab Ratschläge, kritisierte und freute sich über die Fortschritte ihrer Schüler. Auch die vielen choreographischen Zeichnungen Rudolf Steiners zu Dichtung und Musik sind ihrer Initiative zu verdanken. Sie gehören heute zu den wertvollsten Schätzen für die Eurythmie.

Als im Herbst 1918 der Erste Weltkrieg endete, war die Eurythmie soweit gediehen, dass damit an die Öffentlichkeit getreten werden konnte. Es war Rudolf Steiner sehr wichtig, dass dieser Gang an die Öffentlichkeit stattfand, so schwer es auch werden mochte. Er selbst war in der Zeit nach dem Ersten Weltkrieg stark damit beschäftigt, für die vielen neu entstehenden Initiativen die nötigen Erkenntnisgrundlagen zu schaffen. In dieser Zeit entstanden u.a. die Dreigliederungsbewegung, die Waldorfschule, die Christengemeinschaft, die biologisch-dynamische Landwirtschaft und die anthroposophische Medizin. Alles brauchte Betreuung, und mit allen gab es Schwierigkeiten, die Rudolf Steiners Einsatz verlangten.

In seinem Anliegen, die eurythmische Kunst in die Welt zu bringen, konnte sich Rudolf Steiner jedoch vollständig auf Marie Steiner verlassen. Sie organisierte die Tourneen, gestaltete die Programme, leitete die Proben und stand bei den Aufführungen als Sprecherin an vorderster Front. Das Wort "Front" ist dabei durchaus angemessen, denn die Aufführungen stiessen oft auf unverhohlen geäusserte Ablehnung und Aggressivität der Zuschauer. Ganze Aufführungen mussten unter Gelächter, Gekicher, Gepfeife, Gejohle, Geschrei der Zuschauer stattfinden, und auch vorab organisierte Störungen gab es. Was aber auch geschah, die Aufführungen gingen weiter, und nicht selten änderte sich die Stimmung im Publikum zugunsten der Aufführenden. Die erste Zielscheibe der Aufmerksamkeit war meist nicht die Eurythmie, sondern die abseits, oft in einer Loge sitzende Marie Steiner und deren ungewohnte Sprechweise. Sie war es, die durch ihren Enthusiasmus, durch den Klang ihrer Stimme, durch ihre Intensität und Lebendigkeit beim Sprechen die Kälte und Befremdetheit der Zuschauer überwinden musste. Sie verlor ihren Humor dabei aber nicht und konnte mit ausgelassener Heiterkeit erzählen, was wieder alles Schreckliche vorgefallen war.[71]

Die Eurythmie fand aber auch gute Aufnahme, und so gab es gute und schwere Tourneen, gute und schwere Jahre. Rudolf Steiner unterstützte Marie Steiner durch Besuche bei den Proben, durch die Eurythmie-Formen, die er auf ihren Wunsch anfertigte, durch Angaben zur eurythmischen Gestaltung und nicht zuletzt durch einleitende Vorträge bei den Aufführungen. Denn selbst das anthroposophische Publikum musste für die neue Art des künstlerischen Sprechens und eurythmischen Bewegens erst gewonnen werden.

Das Haus des Wortes

Im Herbst 1920, nach siebenjähriger, durch den Ersten Weltkrieg stark verlangsamter Bauzeit, wurde das Goetheanum in Betrieb genommen. Die Entstehung dieses Baus ist in einem engen Zusammenhang mit der Entstehung von Eurythmie, Sprachgestaltung und Mysteriendramen zu sehen: "Es musste gebaut werden nach denselben inneren Gesetzen, nach denen gesprochen wird, nach denen die Mysterien vorgeführt werden, nach denen jetzt die Eurythmie vorgeführt wird", sagte Rudolf Steiner.[72]

Das Goetheanum war ein in Holz ausgeführter Doppelkuppelbau mit sich durchdringenden Kuppeln. Die grössere Kuppel wölbte sich über dem Zuschauerraum, die kleinere über der Bühne. Bühne und Zuschauerraum waren umstellt von den die Kuppel tragenden Säulen, deren Sockel, Kapitäle und Architrave lebendigen Verwandlungsprinzipien folgten. Die plastischen Motive, die geschliffenen farbigen Glasfenster und die Ausmalung der Kuppel waren nach Angaben Rudolf Steiners gestaltet und zum Teil von ihm selbst ausgeführt. Alles im Goetheanum war Ausdruck der Entwicklung von Mensch und Welt. Durch das Goetheanum sollte die Anthroposophie nun auch unmittelbar zu den Sinnen der Menschen sprechen können.

In diesem Bau wurden Eurythmie und Sprache zu einem besonders tiefen Erlebnis. Marie Savich beschreibt, wie die Bewegungen der Eurythmistinnen dort so erlebt werden konnten, als würden sie sich in den Bau hinein fortsetzen.[73] Eurythmie, Sprache und Bau wurden zu einer Einheit.

Man kann sagen, dass Marie Steiner 1920 den Ort betreten konnte, der auf's engste mit ihren innersten Impulsen zusammenhing. Denn das Goetheanum stellte Marie Steiner vor die Möglichkeit, zu versuchen eine weitere Stufe, ein höheres Niveau auf dem Weg zur Mysterienkunst zu erklimmen. Die eine Frage, die sich ihr stellte, war, wie können die Kräfte des Bau's in die Eurythmie und die Sprache aufgenommen werden und so zu deren Steigerung führen. Die andere Frage war, welche Kunst verlangt der Bau, und was soll dort aufgeführt werden.[74]

Schon zwei Jahre später, in der Silvesternacht 1922/23 wurde das Goetheanum ein Opfer der Flammen. Wegen eines Beinleidens konnte sie nicht selbst bei den Löscharbeiten anwesend sein und die Vernichtung dieses Baus nicht mit eigenen Augen miterleben. "Als mir geschildert wurde, in welch unheimlicher Pracht und Schönheit die Säulen auflodertern, in deren Feuer die zischende Farbenglut der metallenen Musikinstrumente sich ergoss bevor sie stürzten, konnte ich nur bitten: Hört auf! Ich wäre daran gestorbn", erzählte sie später darüber.[75]

Die Grundlegung der Sprachgestaltungsschulung

Bereits ab 1919 hatten Rudolf und Marie Steiner im Rahmen anderer Veranstaltungen damit begonnen, Elemente der Sprachgestaltung vorzustellen und zu unterrichten. Aufgrund des grossen Interesses, das der erste richtige Kurs über Sprachgestaltung im Sommer 1922 fand, beschlossen Rudolf und Marie Steiner, wieder an die Aufführungen der Mysteriendramen zu gehen. Im Sommer 1923 sollten alle vier Dramen im Goetheanum aufgeführt werden. Die Zerstörung des Goetheanums in der Silvesternacht 1922/23 machte jedoch alle diesbezüglichen Pläne zunichte.[76]

Erst im September 1924 wurde wieder ein Kurs für Schauspieler gegeben, der so genannte "Dramatische Kurs". Nach diesem dreiwöchigen Kurs wurden einige Schauspieler von Rudolf Steiner und Marie Steiner eingeladen, in Dornach zu bleiben, um ein Schauspiel-Ensemble heranzubilden und die Aufführungen der Mysteriendramen im neu entstehenden zweiten Goetheanum vorzubereiten. Das Ensemble gab sich den Namen Thespiskarren, denn "so, wie durch Thespis die dramatische Kunst aus den griechischen Mysterien herausgeführt wurde, so wollen wir sie wieder hineinführen", sagte Marie Steiner dazu.[77]

Mit diesem Schritt begann eine intensive Arbeit von Marie Steiner mit den Schauspielern. Denn die Mysteriendramen sollten nicht mehr wie 20 Jahre zuvor in München von Laien aufgeführt werden sondern von Schauspielern, die den Schulungsweg der Sprache gingen, so wie er von Rudolf Steiner und Marie Steiner ausgearbeitet worden war. Aufgrund ihrer herausragenden sprachlichen und künstlerischen Fähigkeiten war Marie Steiner die natürliche und fraglos anerkannte Lehrmeisterin und sie widmete sich dieser neuen Aufgabe mit vollem Engagement.

Krisenzeit und Weihnachtstagung

Marie Steiner war es jedoch nicht gestattet, sich nur auf die künstlerische Arbeit zu konzentrieren. Äussere und innere Krisen bedrohten den Bestand der anthroposophischen Arbeit und verlangten ihren Einsatz.

In den Jahren 1922/23 wurde die anthroposophische Gesellschaft von Krisen geschüttelt, als es zwischen der nachwachsenden jungen Generation von Anthroposophen und den alten Mitgliedern zu schweren, unüberbrückbaren Spannungen kam. Aber auch Wirtschaftsassoziationen wie der "Kommende Tag" in Deutschland und das "Futurum" in der Schweiz gerieten in Schwierigkeiten. Auch der Umgang mit den Vortragsnachschriften sowie deren Vervielfältigung und Archivierung durch Dritte führten zu wachsenden Problemen. Als Begleiterin, Vertreterin und Delegierte Rudolf Steiners, aber auch in eigener Sache, z.B. als Leiterin des Verlages, hatte Marie Steiner in dieser Zeit schwierige Aufgaben zu bewältigen.

Marie Steiner von Sivers 1922, 55 Jahre alt

Im Herbst 1923 reiste Marie Steiner nach Berlin, um den philosophisch-anthroposophischen Verlag vor der Vernichtung durch die in Deutschland tobende Inflation zu retten. Dazu löste sie den Verlag in Deutschland auf und liess seine Bestände nach Dornach überführen. Gleichzeitig löste sie auch ihre und Rudolf Steiners bis dahin noch bestehende Berliner Wohnung auf.[78]

An Weihnachten 1923/24 wurde von Rudolf Steiner die Anthroposophische Gesellschaft als Allgemeine Anthroposophische Gesellschaft neu konstituiert und die Freie Hochschule für Geisteswissenschaft mit ihren Sektionen und Klassen gegründet. Esoterisches sollte von nun an das Exoterische durchdringen. Darum übernahm Rudolf Steiner selber den Vorsitz von Gesellschaft und Hochschule.

Durch die Übernahme des Vorsitzes verband sich Rudolf Steiner schicksalsmässig mit der Anthroposophischen Gesellschaft. Das war eine grosse Opfertat und bedeutete eine unermessliche Mehrbelastung für Rudolf Steiner, dessen Gesundheit bereits seit dem Goetheanumbrand ernsthaft geschwächt war.[79]

Marie Steiner wurde zusammen mit Albert Steffen, Elisabeth Vreede, Günther Wachsmuth und Ita Wegman in den Gesellschaftsvorstand berufen. Sie wurde ausserdem zur Leiterin der Sektion für Redende und Musizierende Künste der Freien Hochschule für Geisteswissenschaft ernannt. So hat sich Marie Steiner 7 Jahre nach ihrem Austritt aus dem damaligen Vorstand neu mit dem Schicksal der Anthroposophischen Gesellschaft verbunden.

Der Tod Rudolf Steiners

Kurz nach dem Dramatischen Kurs, an Michaeli 1924, erkrankte Rudolf Steiner. Die Hoffnung, dass Rudolf Steiner wieder gesunden und für die künstlerische Arbeit weitere Richtlinien geben würde, erfüllte sich nicht. Rudolf Steiner blieb sechs Monate unter der Pflege seiner Schülerin und Ärztin Ita Wegman an das Krankenlager gefesselt. Doch selbst in dieser Zeit, als die Todesgefahr von Marie Steiner schon schmerzlich geahnt wurde, erlaubte er ihr nicht, dass sie zu seiner Pflege in Dornach blieb. Ihre Arbeit für die Eurythmie war ihm zu wichtig. Die erhaltenen Briefe zeigen aber, wie innig er sie trotz ihrer Abwesenheit auf ihren Wegen begleitete. So war sie auch am 30. März 1925 mit dem Eurythmie-Ensemble auf Tournee, als sie frühmorgens aufgefordert wurde, nach Dornach zu kommen. Sie konnte den Tod des ihr am nächsten stehenden Menschen jedoch nicht mehr persönlich erleben. Rudolf Steiner starb eine Stunde bevor sie in Dornach ankam. "... aber die Welt ist tot, seitdem er gegangen ist", schrieb sie vier Wochen später an Rudolf Steiners Schwester.[80]

Marie Steiner war 58 Jahre alt, als Rudolf Steiner starb. Die 23 Jahre an seiner Seite waren geprägt von unermüdlichem Einsatz für die Anthroposophie, die Anthroposophische Gesellschaft und für die "Wort-Kunst" (Sprachgestaltung, Eurythmie, Mysterientheater). Durch die harte, mit vielen Leiden verbundene Arbeit hatte sie sich auch äusserlich sehr verändert. Das Anmutige, Zarte des Gesichtes war einem strengen, machtvollen Ausdruck gewichen. Die Haltung hatte ihre frühere Steife verloren und war von majestätischer Kraft, aber die ganze Gestalt war belastet von Schwere. Auch der Schritt war schwer und langsam geworden. Ihre Beine steckten in Eisenschienen und zeitweise musste sie sogar im Rollstuhl gefahren werden.[81] Zu ihrer Beinschwäche soll sie einmal gesagt haben, dass diese darauf zurückzuführen sei, dass sie eigene Kräfte abgeben musste, damit die Eurythmisten die für die Eurythmie erforderliche Gruppenseele bilden konnten.[82] Bei starken seelischen Belastungen konnte es zu mehreren Tagen andauernden Lähmungserscheinungen kommen. Schlechte Luft, auch im übertragenen Sinn, ertrug sie nur schwer. Eine Hilfe waren ihr Blumen, mit deren reinigendem Duft sie sich umgab und schützte.

Wieder allein

Marie Steiners Kunstimpuls

Die Arbeit für die Eurythmie ging auch nach Rudolf Steiners Tod weiter. Marie Steiner bestand darauf, dass alle vorgesehenen Aufführungen durchgeführt wurden und kein Nachlassen in der Arbeitsspannung und künstlerischen Aktivität stattfand. Sie selbst zog sich allerdings von der Aufgabe, für die Eurythmie zu rezitieren, zurück. Das musste nun von den in Dornach in Ausbildung befindlichen Schauspielern übernommen werden. Diese hatten das Sprechen für die Eurythmie in Marie Steiners Auftrag schon seit 1924 geübt,[83] trotzdem war es ein grosser Verlust für die Eurythmisten, dass die besondere objektive Kraft der Sprache Marie Steiners, die die Eurythmisten bis dahin getragen hatte, mit einem Male fehlte.[84]

An Ostern 1926 übergab sie die Leitung des Eurythmie-Ensembles an Marie Savitch. Wenn sie gebeten wurde, doch eine Richtung für die künstlerische Arbeit zu geben, kam immer wieder dieselbe Antwort: "Jetzt müssen Sie es allein machen, ohne mich."[85]

Das heisst aber nicht, dass ihr Interesse an der Eurythmie erlahmt war. Aufgrund ihrer Fähigkeiten blieb sie die oberste künstlerische Instanz im Ensemble. Bis ins hohe Alter erschien sie zu Proben und Generalproben. Nicht selten setzte sie noch auf der Generalprobe ein Stück ab, besetzte es neu oder stellte neue Stücke ins Programm, so dass die Eurythmisten mehr Lampenfieber vor der Generalprobe als vor der eigentlichen Premiere hatten.[86]

Den Schwerpunkt ihrer künstlerischen Arbeit verlegte Marie Steiner jedoch auf den Aufbau der "Goetheanum Bühne", deren Leitung sie von 1925 bis zu ihrem Tod 1948 innehatte. Mit dieser Bühne brachte sie die Mysteriendramen Rudolf Steiners in neuer Inszenierung wieder zur Aufführung. Das erste und zweite Drama bei der Eröffnung des zweiten Goetheanums 1928, das dritte und vierte Drama 1929 und 1930. Darüber hinaus inszenierte sie viele der Dramen Albert Steffens und in ihrer letzten Schaffensperiode vor allem die deutschen Klassiker Schiller und Goethe, mit denen das Ensemble nach dem Zweiten Weltkrieg auch auf öffentliche Tourneen ging und grosse Erfolge erzielte.[87]

Marie Steiner von Sivers
1930, 63 Jahre alt

Da in den Mysteriendramen Chöre zu sprechen waren und sich das Chorsprechen ausserdem als geeignetes Schulungsmittel erwies, begann Marie Steiner, das Chorsprechen als eigenständiges Arbeitsgebiet zu pflegen und das Schauspieler-Ensemble zu einem künstlerischen Sprechchor heranzuschulen. Dieser Chor ging ab 1927 auf Tourneen, bis die politischen Verhältnisse ab 1934 weiteres Reisen unmöglich machten. Das Echo in der Presse bezeugt, dass von dem Sprechchor eine tiefe Wirkung auf die Zuhörenden ausging.

Für Marie Steiner war Theater nur dann gerechtfertigt, wenn es seine okkulte Bedeutung ergriff. Das heisst, es sollte eine solche geistige Höhe erreichen, dass es auf den Zuschauer als Katharsis wirkte und zum Wecker und Förderer des geistigen Menschen wurde.[88] Daraus ergeben sich für den Künstler zwei Aufgaben: zum einen muss er seine persönlichen Emotionen, Gefühle und Urteile so überwinden und läutern, dass er sie zum Ausdrucksmittel für Geistiges machen kann;[89] zum anderen muss der Geistinhalt, der ausgedrückt werden soll, vom Künstler wirklich erschaut und erlebt sein und nicht nur vorgestellt oder erdacht.[90]

Der Schlüssel dieser Bemühungen um eine Mysterienkunst war für Marie Steiner das Wort, die Sprache, die Sprachgestaltung: "Wenn die rechte Sprachgestaltung durch die rechte Geste innerhalb des rechten Bühnenbildes sich offenbart, dann wird der Geist, der im Drama lebt, als Seele sich von der Bühne herab kundgeben", sagt Rudolf Steiner im Kurs für Sprachgestaltung.[91]

Im Folgenden sind einige diesbezügliche Stellen aus Texten von Marie Steiner wiedergegeben.

Das Wort hat den Kosmos aufgebaut,
der Kosmos hat sich in den menschlichen Körper hineinkonzentriert,
ist in ihn hineingebannt worden
und muss wieder erlöst werden
damit er sich von neuem zum Wort erhebe
und von ihm zurückgespiegelt werde.[92]

Es ist viel leichter
gescheit zu denken
als bildhaft zu gestalten,
denn das Intellektuelle
entströmt dem Persönlichen,
und die künstlerische Gestaltung
erfordert viel mehr
Selbstlosigkeit.[93]

Das Wort stand für Rudolf Steiner da
als Grundlage des Geschehens.
Das Wort war Ausgangspunkt und Mittelpunkt
und Ziel alles Werdens
und aller Entsiegelung.[94]

Bringen wir wieder den Gedanken
in die Sprache zurück
die ihn geboren hat:
in
    ihre Laute
    ihre Lichter und Schatten
    ihre Farben
    ihre Bilder
    ihren Pulsschlag
    ihre Klanghebungen und Senkungen
    ihre Bewegungstendenzen
    ihre Tiefen-, Weiten-, Höhenrichtungen
    ihre Zonen
    ihre plastische, elastische, ballende, schnellende Kraft
ja,
    dann erlebt man Welten
    die um so schöner und reicher sind,
    als wir in der Lage sind
    sie zu trennen
    von unserem subjektiven Erleben
    und unterzutauchen
    in das Leben des Weltalls.[95]

Die Menschen hören heute ebenso wenig
auf die Worte in den Dichtungen
wie im Gespräch auf den anderen Menschen.[96]

*Schauendes, hörendes, wollendes Bewusstsein
führt uns allein heute
zu wahrem künstlerischen Erleben
und entreisst die dichterische Sprache
der abstrakten Intellektualisierung und Mechanisierung
denen sie bereits anheim gefallen ist.*[97]

*Die Differenzierung der Seelenkräfte wirkt lebensvoll
und wahr nur,
wenn sie von den Ichkräften erfasst und geleitet wird:
diese tragen sie dann hinauf in die Geistigkeit,
aus der die Kraft der Laute und der Lautgestaltung kommt.
In dieser Verbindung liegt erst die Wahrheit.*[98]

*Man ahnt nicht,
welch ein künstlerisches Erlebnis
Sprache sein kann,
bevor man gelernt hat,
von innen zu hören;
bevor das seelisch-geistige Erklingen
sich umgesetzt hat
in die Formung des Tones,
in den Flug der Bewegung.*[99]

*Das Erleben des Wortes
führt zu Intimitäten
des geistigen Erkennens,
die wie eine Entsiegelung wirken
der im Menschen verborgenen
Geheimnisse.*[100]

Grundlage für alles Schauspiel war bei Marie Steiner die Sprachgestaltung. Aus ihr entwickelten sich die Gebärden und das Spiel. Darum wurde ihre Art der Regie auch "Wort-Regie" genannt. Alle Schauspieler hatten sich einer intensiven jahre- und jahrzehntelangen Sprachgestaltungsschulung unter ihrer Leitung zu unterziehen. Die Sprachübungen Rudolf Steiners und das Vor- und Nachsprechen bildeten die Grundlage des Unterrichts. Es konnte dabei durchaus vorkommen, dass ein Darsteller zwei Stunden lang ununterbrochen eine bestimmte Stelle nachsprechen musste, bis die richtige Sprachführung erklang.[101] Gelang es, ging das richtige Sprechen dieses Satzes dem Schüler nicht mehr verloren. Er war ein bleibendes Gut geworden.[102]

Die Schüler von Marie Steiner hatten es nicht leicht. Sie war eine temperamentvolle, unkonventionelle, hingebungsvolle und strenge Lehrerin. Marie Steiner hat durch und durch künstlerisch empfunden und hatte ein ausgeprägtes Gefühl und Ohr dafür, was stimmte und was nicht. Und sie hörte Dinge, die kein anderer hörte.[103] Dadurch war sie aber auch sehr empfindlich, und es war leicht, sie ungewollt und unbemerkt zu verletzen. In solchen Momenten konnte Marie Steiner es oft nicht verhindern, selbst ungerecht und verletzend zu werden. Es fehlte ihr im Äusseren die Wärme und das milde und gütige Lächeln, das Rudolf Steiner besessen hatte, und durch das sich auch die strengste Korrektur von ihm in ein Geschenk verwandelte. Da sie keine Hemmungen vor persönlicher Kritik hatte, und man z.B. den einen Tag als Vorbild, den anderen Tag als jemand, der immer alles falsch mache, hingestellt werden konnte,[104] ging mancher Schüler durch ein Wechselbad von warm und kalt. Ihr grundsätzliches Anliegen war jedoch immer, dem Schüler über die Schwellen zu helfen, vor denen er in seiner künstlerischen Entwicklung stand.

Es ist sehr schwer, wenn nicht unmöglich, aus heutiger Sicht zu beurteilen, was Marie Steiner in der Sprache erreicht hat. Sie formuliert das Problem selbst in dem letzten der oben zitierten Texte: "Man ahnt nicht, welches Erlebnis Sprache sein kann, bevor man nicht selbst gelernt hat, innerlich zu hören und seelisch-geistig zu sprechen." Man steht hier vor dem Problem der Beurteilung eines jeden Kunstwerkes: ab wann kann ich ein Kunstwerk wirklich beurteilen? Kann ich mit meinem "alten" Ohr schon das Neue hören? Tatsache ist, dass die Aufführungen der Goetheanumbühne auch unter den Anthroposophen durchaus geteilte Meinungen hervorgerufen haben. Es gab grosse Bewunderung und Dankbarkeit auf der einen Seite, andere fanden die Aufführungen rezitativ und langweilig.

Marie Steiner von Sivers bei der Arbeit, ca. 64 Jahre alt

Auch die Beurteilungen von Marie Steiners Stimme sind sehr unterschiedlich. Es gibt Menschen, die berichten, Marie Steiner hätte zumindest im Alter eine unschöne, raue Stimme gehabt und dies auf das Kehlkopfleiden in ihrer Jugend zurückführen. Andere Menschen berichten, dass sie noch wenige Jahre vor ihrem Tod mit einer nie gehörten, kraftvollen, klaren Stimme ohne Anzeichen irgendeiner Schwäche gesprochen habe.[105] Ein Schüler von Frau Gutbrodt, die 20 Jahre eine der hervorragendsten Schülerinnen von Marie Steiner war, erzählte mir, Frau Gutbrodt hätte ihm vorgeführt, wie Marie Steiner gesprochen habe: ihre Stimme habe in der Tat beim Sprechen der Vokale vibriert. Aber das entscheidende sei gewesen, dass man immer gehört habe, was sie wollte. Wehe dem Schüler, der dieses Vibrieren der Stimme nachgemacht hätte. Ein solches Vibrieren schlich sich erst bei manchen Schülern späterer Generationen ein.[106]

Auch Marie Savitch beschreibt, wie Marie Steiners Rezitation je nach Zuhörer Faszination oder Irritation auslösen konnte. Nach Marie Savitch sprach Marie Steiner klar, unsentimental, aber mit ganz subtilen, ins musikalische gehenden Intervallen, was beim Zuhörer ein anderes Klangerleben forderte.[107]

Und so denke ich, dass es zwei Gruppen von Zuhörenden gab: eine Gruppe, die nicht durch die sich ungewohnt bewegende Oberfläche der Stimme hindurchhören konnte und dadurch etwas Irritierendes, Fremdartiges erlebte; und eine Gruppe, die in ihre Stimme hineinhörte und der Marie Steiner - und bis zu einem gewissen Grade auch ihre Schüler - eine neue Sphäre des Spracherlebens öffnen konnte, deren Dimension derjenige, der es nicht selbst erlebt hat, vielleicht nicht einmal ahnt.

Die Konfliktsituation in der Anthroposophischen Gesellschaft

In den 23 Jahren nach Rudolf Steiners Tod konzentrierte Marie Steiner ihre ganze Kraft auf die Durcharbeitung und Herausgabe seines Nachlasses und auf die künstlerische Arbeit ihrer Sektion. Erschwert wurde diese Arbeit durch die nach Rudolf Steiners Tod über die Anthroposophische Gesellschaft hereinbrechenden Konflikte, denen sich auch Marie Steiner nicht entziehen konnte. Aufgrund ihrer herausragenden Fähigkeiten und Leistungen war sie Vertrauensperson und Ansprechpartnerin für viele Anthroposophen, die massgeblich am Aufbau der Anthroposophischen Gesellschaft und Bewegung mitgewirkt hatten. Diese fühlten sich stark mit ihr verbunden. Sie war Mitglied des Vorstandes der Anthroposophischen Gesellschaft, Leiterin der Sektion für Redende und Musizierende Künste und damit auch in der Leitung der Freien Hochschule für Geisteswissenschaft.

Elisabeth Vreede beschreibt, wie in dem von Rudolf Steiner auf der Weihnachtstagung 1923 eingesetzten Vorstand "von dem ersten Augenblick an Gegensätze bestanden, die dann zu der unheilvollen Entwicklung führten, die die Dinge eben genommen haben. Durch diese, später immer mehr hervortretenden Gegensätze, war die kurze Zeit von Dr. Steiners Wirken im Vorstand trotz der herrlichen Vorträge und so weiter, im Grunde eine schmerzliche und traurige".[108] Rudolf Steiner hatte in diesem Vorstand Persönlichkeiten ganz unterschiedlicher und sich empfindungsmässig fremder karmischer Strömungen zusammengebracht,[109] die ein Verständnis füreinander und die Fähigkeit, vereint zusammenzuwirken erst erwerben mussten. Nach der Ansicht von Marie Steiner hatte Rudolf Steiner gehofft, die Vorstandsmitglieder noch für ihre besonderen Aufgaben erziehen zu können, doch habe seine Erkrankung und sein zu früher Tod dies verhindert.[110]

Nach seinem Tod waren sie auf sich allein gestellt.

Rudolf Steiner schreibt im 9. Kapitel der "Philosophie der Freiheit": "Leben in der Liebe zum Handeln und Lebenlassen im Verständnisse des fremden Wollens ist die Grundmaxime der freien Menschen." Wie schwer es gerade für die so sehr nach Wahrheit suchenden und um Wahrheit ringenden Vorstandsmitglieder gewesen sein muss, dieses Verständnis zu entwickeln, darauf können folgende Gedanken von Rudolf Steiner hindeuten: "Dem einzelnen Menschen erscheint die Wahrheit in einem individuellen Kleide. Sie passt sich der Eigenart seiner Persönlichkeit an. Besonders für die höchsten, dem Menschen wichtigsten Wahrheiten gilt dies. Um sie zu gewinnen, überträgt der Mensch seine geistigsten, intimsten Erlebnisse auf die angeschaute Welt und mit ihnen zugleich das Einzigartigste seiner Persönlichkeit." Und: "Die Wahrheit spricht im Innern der einzelnen Menschen verschiedene Sprachen und Dialekte; in jedem grossen Menschen spricht sie eine eigene Sprache, die nur dieser einen Persönlichkeit zukommt. Aber es ist immer die eine Wahrheit, die da spricht."[111] An anderer Stelle sagt er: "Wenn man irgendeine Behauptung macht über Weltzusammenhänge, so ist das Gegenteil davon auch richtig. Und nur durch das Zusammenschauen der zwei ist es möglich, die Wirklichkeit zu sehen."[112]

Vor diesem Hintergrund wird die Schwierigkeit der Aufgabe, vor der die Vorstandsmitglieder standen, deutlicher. Unterschiedliche karmische Bedingungen führen zu Erkenntnissen, die für das gewöhnliche Bewusstsein einander widersprechen. Die daran sich bildenden Willensimpulse und Handlungen sind so entgegengesetzter Natur, dass sie für die jeweils andere Seite zur existentiellen Bedrohung werden. Auch die gemeinsam angestrebte Anthroposophie musste dadurch als existentiell gefährdet erlebt werden. Marie Steiner erlebte es so: "Man war einer gewissen Gesinnung (bei anderen Vorstandsmitgliedern) ausgeliefert, mit der man nicht zusammengehen konnte, weil sie das Gegenteil war von dem, wofür man 23 Jahre von Dr. Steiner erzogen war. So stand man vor dem Abgrund."[113]

Die Zeit der ideellen Konflikte

Schon am ersten Tag der Kremation Rudolf Steiners war es trotz der ernsten Gesinnung und des guten Willens aller Vorstandsmitglieder aufgrund von Missverständnissen und der unterschwellig vorhandenen Spannungen zum Streit zwischen den Vorstandskollegen gekommen. Als Marie Steiner nämlich erst auf der Rückfahrt von der Kremation erfuhr, man habe vor, die Urne nicht im Wohnraum von ihr und Rudolf Steiner aufzustellen, sondern in seinem Atelier, wo er gestorben war, empfand sie es, als sollte brutal über sie hinweggegangen werden: "Die Damen ... haben mich nach einem gewissen Schema beurteilt. ... Darnach haben sie ihren Plan entworfen", schrieb sie am Tag danach.[114] Mit "die Damen" meinte sie wohl ihre holländischen Vorstandskolleginnen Elisabeth Vreede und Ita Wegman. Zu beiden konnte Marie Steiner kein vertrauensvolles Verhältnis aufbauen.

Marie Steiner und Ita Wegman waren wahrscheinlich die beiden Menschen, die am tiefsten mit der Persönlichkeit und der Mission Rudolf Steiners verbunden waren. In ihrer Gegensätzlichkeit kommt bildhaft die ganze Spannweite der ersten Konfliktzeit zum Ausdruck.

Ita Wegman (1876-1943) wuchs in der Wildnis Java's als Tochter eines holländischen Zuckerfabrikleiters auf und genoss eine freizügige Erziehung. Sie konnte durch die grosszügige Unterstützung ihres Vaters in Europa studieren (Massage und Medizin) und ihrer Lust, das Leben kennen zu lernen, nachgehen. Sie hatte viele Freunde und genoss das Theater- und

Kulturleben Europas, das sie als blühend empfand.

Marie Steiner wuchs in einem militärisch-aristokratisch geprägten deutsch-baltischen Elternhaus auf, ohne die Freiheit, ihren Interessen nachzugehen. Sie hat sich ihren Weg zur Kunst gegen den Widerstand der Familie und der Mutter erkämpfen müssen, hatte wenig Freunde und fand in dem Kulturleben ihrer Zeit nicht nur keine Befriedigung sondern litt daran. Was ihr wichtig war, fehlte in der Welt.

Marie Steiner kam 1900 nach Berlin, lernte dort die Theosophie und Rudolf Steiner kennen, und verband sich 1902 mit Rudolf Steiner zu 23-jähriger Zusammenarbeit. Ita Wegman zog 1902 nach Berlin und arbeitete dort drei Jahre als Therapeutin für Heilgymnastik und Massage. Obwohl sie in Berlin Rudolf Steiner kennen lernte, sich "gut mit ihm verstand" und ihn als ihren Lehrer erkannte, blieb der Kontakt verhältnismässig lose. Unter anderem auf Vorschlag Marie Steiners ging sie nach Zürich, wo sie Medizin studierte und sich als Ärztin niederliess. Erst 1920 zog sie nach Arlesheim, um in der Nähe des Goetheanums eine Klinik aufzubauen. 1923, nach dem Brand des Goetheanums, begann zwischen ihr und Rudolf Steiner eine intensive Zusammenarbeit auf medizinischem und esoterischem Gebiet. So wie Marie Steiner 21 Jahre früher die Frage nach der Mysterienkunst und christlicher Esoterik zu Rudolf Steiner mitbrachte, so stellte jetzt Ita Wegman die Frage nach der Mysterien Medizin.[115]

Durch die verbleibenden zwei Jahre hindurch erhielt Ita Wegman eine intime esoterische Schulung und Einsicht in ihren karmischen Zusammenhang mit Rudolf Steiner, den sie als einen wesentlichen Bestandteil der Weihnachtstagung erlebte.[116] Sie machte anscheinend gute Fortschritte in der esoterischen Schulung und wurde von ihm auch zu eigener Forschung angehalten. Ausserdem wurde sie von ihm zur Mitleiterin der Ersten Klasse der Freien Hochschule für Geisteswissenschaft bestimmt.

Die von verschiedenen Seiten geäusserte Ansicht, Marie Steiner sei von Rudolf Steiner für die Leitung der höheren Zweiten Klasse vorgesehen gewesen, trifft möglicherweise nicht zu. Quelle für diese Ansicht sind vor allem die so genannten Polzer-Hoditz-Aufschreibungen, bei denen zur Zeit kontrovers diskutiert wird, ob es sich dabei um eine Fälschung handelt.[117] Ob diese "Aufschreibungen" die einzige Quelle für diese Ansicht sind, konnte ich nicht prüfen.

In der Zeit der Erkrankung Rudolf Steiners war Ita Wegman als seine Ärztin Tag und Nacht bei ihm, arbeitete mit ihm und sorgte für ihn. Von Rudolf Steiner, der wegen der sanitären Einrichtungen nicht zu Hause sein konnte, sondern in seinem Atelier neben dem Goetheanum sein Krankenlager hatte, wurde aller belastende Besuch ferngehalten. Sogar Marie Steiner, die in dieser Zeit entgegen ihren Gefühlen oft mit der Eurythmie auf Reisen sein musste, musste um Erlaubnis bitten, wollte sie Rudolf Steiner besuchen. Alle Wege zu Rudolf Steiner führten in dieser Zeit über Ita Wegman. Für Marie Steiner war das eine schwer zu ertragende Situation.[118]

Marie Steiner bezeichnete sich und Ita Wegman einmal als die zwei Löwen im Vorstand.[119] Beide waren sie ausgeprägte Willensmenschen, wobei Marie Steiner wahrscheinlich mehr auf das klare, scharfe Denken ausgerichtet war, während Ita Wegman eher die Gemüthafte war.[120]

Der vielleicht wichtigste Konflikt war die unterschiedliche Interpretation der Weihnachtstagung und der Rolle des dort eingesetzten Vorstandes. Ita Wegman erlebte die Weihnachtstagung als einen neuen Anfang, ein real vollzogenes Mysterium, das die Menschen, die sich damit verbänden, vor neue

Aufgaben und Möglichkeiten stellte. Marie Steiner dagegen erlebte sie als einen letzten Versuch Rudolf Steiners, durch das Opfer seines persönlichen Willens die Menschheitsaufgabe der anthroposophischen Gesellschaft zu retten. Dieses Opfer sei nach ihrer Einschätzung aber nicht verstanden worden und habe ihm das Leben gekostet.[121] Sie verband zunächst keine persönlichen Ideale mit der Weihnachtstagung, ausser dem, sich innerhalb der Sektion verstärkt um die Rettung der Künste zu bemühen.

Die Auffassungen, wie die Anthroposophische Gesellschaft nach Rudolf Steiner's Tod weiter geführt werden sollte, waren deshalb sehr unterschiedlich. Die Menschen um Ita Wegman waren der Ansicht, dass von Rudolf Steiner ein von ihm auch so genannter "esoterischer Vorstand" eingesetzt worden sei, in der Absicht, diesen nach seinem Tod als Vorsitzender von der geistigen Welt aus weiterführen zu können. Dazu bedürfe es allerdings eines engen geistigen Bandes in einem unveränderten Vorstand. Marie Steiner erlebte die Situation anders: In der Tat habe Rudolf Steiner den Vorstand in dieser Absicht eingesetzt. Nur habe er gehofft, die Vorstandsmitglieder noch so erziehen zu können, dass sie dazu fähig gewesen wären. Dies sei aber nicht mehr geschehen und der Gedanke eines esoterischen Vorstandes nach Rudolf Steiner's Tod deshalb eine furchtbare Illusion. Mit ihrem praktischen Sinn verlangte sie die schnelle Umstrukturierung des Vorstandes mit einem ersten Vorsitzenden auf der Erde, um einen geordneten Gang des Hochschulbetriebes und der Führung der Gesellschaft zu gewährleisten und Anarchie und Chaos zu vermeiden.

Marie Steiner äusserte deshalb schon bald nach Rudolf Steiners Tod den Wunsch, sich von der Vorstandsarbeit zurückzuziehen und schlug vor, an ihrer und Rudolf Steiners Stelle zwei andere Menschen in den Vorstand aufzunehmen.[122] Als ihre eigentliche Aufgabe betrachtete sie die Arbeit innerhalb ihrer Sektion für Redende und Musizierende Künste und die Arbeit am schriftlichen Nachlass Rudolf Steiners.[123] Da sie von allen Seiten gebeten wurde, nicht aus dem Vorstand auszuscheiden, verblieb sie in ihm, obwohl sie grossen Widerwillen empfand. Den Vorschlag, an Rudolf Steiners Stelle den ersten Vorsitz zu übernehmen, lehnte sie ab und schlug stattdessen Albert Steffen als 1. Vorsitzenden vor. Als es dann wiederholt zu Schwierigkeiten kam, zog sie sich mehr und mehr von den gemeinsamen Sitzungen zurück, was die ohnehin schwierige Kommunikation zwischen den Vorstandsmitgliedern weiter erschwerte.[124]

Nach Rudolf Steiners Tod wurde Ita Wegman zur Nachfolgerin von Rudolf Steiner in der Leitung der 1. Klasse der Freien Hochschule für Geisteswissenschaft. Ausser ihr hatte Rudolf Steiner niemand in die Leitung berufen. Sie hielt die Arbeit durch das Vortragen der von Rudolf Steiner gehaltenen Klassenstunden und durch die Aufnahme neuer Klassenmitglieder aufrecht. Ausserdem veröffentlichte sie kurze Aufsätze, in denen sie Inhalte von Unterweisungen, die sie von Rudolf Steiner erhalten hatte, an die Mitglieder weitergab und mit eigenen Gedanken durchzog. Einen Teil dieser Aufsätze schloss sie wie Rudolf Steiner mit Leitsätzen ab. Unter den Mitgliedern rief dies gegensätzliche Empfindungen hervor. Die einen waren begeistert, die anderen entsetzt.[125]

Die Meinungen, ob und inwieweit die Arbeit in der Klasse auch nach Rudolf Steiner's Tod fortgesetzt werden könne, gingen also weit auseinander. Marie Steiner jedenfalls war empört. Die Aufsätze von Ita Wegman hielt sie für anmassend, unwahrhaftig und demagogisch.[126]

Im Zuge dieser Auseinandersetzungen kam es zu weiteren Polarisierungen. "Alte-" und "Neue Esoterik" wurden Schlagworte. Die Anhänger der "Neuen Esoterik" wollten eine aktive, eigenständige, auf eigene karmische Forschung hinzielende esoterische Arbeit, unterstützt und inspiriert durch Ita Wegman. Dem stand die Auffassung Marie Steiners gegenüber: "Es heisst nichts verstanden zu haben von dem, worin Dr. Steiners einzigartige Bedeutung gelegen hat, wenn man sich anmasst, sein Werk einfach als Lehrer fortsetzen zu können, statt den Versuch zu machen, mit allen Kräften der Bescheidenheit es zu durchdringen und ins Leben überzuführen."[127]

Für Ita Wegman war die ganze Weihnachtstagung und die Hochschulgründung eng mit der Karmafrage verknüpft und mit dem Wunsch Rudolf Steiners, die Mitglieder mögen sich zu Karma-Erkenntnis hindurchringen und ihr Karma in Ordnung bringen.[128] Rudolf Steiner selbst hatte seit der Weihnachtstagung begonnen, umfangreiche Vortragszyklen zu Karma und Karma-Erkenntnis zu halten und hatte auch Übungen für die eigene Karmaforschung angegeben. Die Resonanz in der Mitgliedschaft war aber sehr unterschiedlich. Die Menschen um Ita Wegman griffen die Anregungen mit Begeisterung und Energie auf und erhielten auch Hilfen von Rudolf Steiner: die andere Seite verhielt sich mehr abwartend, scheute das eigene Forschen. Sie fühlten, was Rudolf Steiner in den Karmavorträgen 1924 aussprach: "Wenn man den Karma-Gedanken ernst nimmt, dann werden Schwierigkeiten entstehen."[129]

Als nach dem Tod Rudolf Steiners bekannt wurde, dass Ita Wegman über viele und bedeutende Inkarnationen hin mit Rudolf Steiner zusammengewirkt haben soll, erregte dies unterschiedliche Empfindungen: Begeisterung und Verehrung einerseits und Empörung, Unglaube und Hass bei denen, die es nicht nachvollziehen konnten. Marie Steiner, die den Wahrheitsgehalt der Aussagen über Ita Wegman nicht beurteilen konnte, spürte in dieser Verehrung für Ita Wegman eine

Gefahr. Schon 1925 schreibt sie: " ... Dann müsste man dafür sorgen, dass die Lehrerschaft (der Waldorfschule in Stuttgart) nicht weiter damit operiert."[130] Sie erlebte, wie die Erkenntnisse karmischer Zusammenhänge nicht zur Erkenntnis der Schwierigkeiten und deren Schlichtung benutzt wurden, sondern dass man sie benutzte, die eigenen Motive zu rechtfertigen und sie höher als die anderer zu stellen. Darum erlebte sie die Vorgänge so, als solle die Anthroposophische Gesellschaft auf Autoritätsglaube und Persönlichkeitskult gestellt werden.[131]

Auch der damalige Konflikt um den Nachlass und das Testament Rudolf Steiners muss im Zusammenhang mit der Weihnachtstagung gesehen werden. Aufgrund mehrerer Testamente Rudolf Steiners, das letzte von 1915, war Marie Steiner die Alleinerbin Rudolf Steiners. Danach war sie verantwortlich für die Durcharbeitung und Herausgabe seines Nachlasses, zu dem auch die Vortrags-Nachschriften zählten.

Es gab aber durchaus Menschen, die der Ansicht waren, dass die Testamente Rudolf Steiners mit der Weihnachtstagung hinfällig geworden seien und der Nachlass in die Hände der Weihnachtstagungsgesellschaft gehöre. Eine Bemerkung Rudolf Steiners kurz vor seinem Tod zu Ita Wegman, er wolle noch manches was Marie Steiner betraf mit dieser persönlich regeln, wozu es aber nicht mehr kam, schien diese Ansicht zu stützen.[132]

Besonders aktuell wurde dieses Problem durch die unterschiedlichen Auffassungen darüber, was publiziert werden sollte und wie schnell. Da nach Ansicht der Menschen um Ita Wegman mit der Weihnachtstagung und mit der Ersten Klasse der Freien Hochschule etwas ganz Neues in die Gesellschaft eingezogen war, wäre es ihnen besonders wichtig gewesen, alles damit Zusammenhängende an die Mitglieder herantragen zu können. Denn nach ihrer Meinung sind die Ansprachen und Vorträge, die Rudolf Steiner auf der Weihnachtstagung gehalten hat, von vielen der Anwesenden nicht in ihrer Tiefe verstanden worden. Ausserdem hätten sie die Inhalte der Weihnachtstagung auch den dabei nicht anwesenden Mitgliedern gerne zugänglich gemacht.

Für Marie Steiner, die ihre Prioritäten anders setzte, war die Weggabe des Nachlasses ein untragbarer Gedanke. Sie war davon überzeugt, dass die Übergabe des Nachlasses an die Anthroposophische Gesellschaft unter Aufgabe persönlicher Verantwortlichkeit nicht im Sinne Rudolf Steiners sein könne. Ausserdem wusste sie um die besondere Sorgfalt, die die Herausgabe der Vortragsnachschriften brauchte. Sie erlebte hinter dem Drängen dieser Gruppe ein Machtstreben, dem sie sich nicht beugen wollte. Sie war nicht bereit, den Nachlass in die Hände anderer Menschen zu legen, denen sie nicht einmal vertraute. Aufgrund ihrer Prioritäten veröffentlichte sie die Ansprachen und Erörterungen, die Rudolf Steiner auf der Weihnachtstagung gehalten hatte, erst 1944. Andere Aussagen Rudolf Steiners über die Hochschule wurden zum Teil erst nach ihrem Tod publiziert.[133]

Ein weiteres Konfliktpotential bestand darin, dass für Menschen, die ähnlich wie Ita Wegman empfanden, die Freie Hochschule für Geisteswissenschaft in Dornach nur das Vorbild einer Institution war, die überall vorhanden ist, wo Anthroposophie in der richtigen Weise gepflegt wird. Sie waren der Ansicht, dass je mehr anthroposophische Einrichtungen und Initiativen es in der Welt gäbe, umso besser, denn nur dadurch würde die Verbreitung der Anthroposophie im notwendigen Masse erreicht.

Für die Menschen um Marie Steiner und Albert Steffen waren diese in die Peripherie drängenden Bestrebungen jedoch immer Anlass zu Sorgen. Würden die restlichen Kräfte stark genug sein, die notwendige Aufbauarbeit im Zentrum zu leisten, wenn soviel Aktivität im Umfeld geleistet würde? E. Zeylmans berichtet: "Schon im Juli 1920 als Rudolf Steiner die Notwendigkeit eines Weltschulvereins mit den Lehrern in Stuttgart besprach, unterbrach Marie Steiner ihn mit der Bemerkung: "Ich glaube, es wäre besser, dass der Goetheanumbau fertig würde, sonst kommt das Frühere durch das Spätere in Leid ..."[134]

Als dann 1925 die mit Ita Wegman verbundenen Menschen daran gingen, den Weltschulverein zu gründen, internationale Arbeitslager und Kongresse im Ausland zu organisieren und Institute oder Betriebe einzurichten und zu unterstützen, wurde dies Anlass heftiger Konflikte. Denn man hatte Angst, dass durch die Aufbauarbeit in der Peripherie dem mühsamen Aufbau des zweiten Goetheanums und den anderen in Dornach stattfindenden Aktivitäten der Geldzufluss abgeschnitten würde.

1924 beschrieb Rudolf Steiner in Torquay, wie polar anders geartet die Verbindungen zum Christentum in der geisteswissenschaftlichen Medizin und Kunst sind.[135] Auch bei Marie Steiner und Ita Wegman finden sich diesbezüglich grosse Unterschiede:

Ita Wegman war der Auffassung, dass das Christentum noch lange nicht verstanden sei und dass man nicht erwarten könne, "dass die Anthroposophen, die nun zum ersten Mal vom esoterischen Christentum etwas hören, schon die Kraft und den Mut haben, dieses esoterische Christentum, das doch mit der Anthroposophie in starkem Zusammenhang steht, zu leben."[136] Auf der Generalversammlung 1933 kritisierte sie, dass,

Marie Steiner von Sivers 1934, 67 Jahre alt

wie schön und bedeutsam auch alles wäre, was am Goetheanum geleistet würde, "es doch noch ein anderes Element gäbe, nämlich dasjenige, was aus einem mehr christlichen Impuls heraus geschieht."[137] Willem Zeylmans, damaliger Vorstand der holländischen Landesgesellschaft und Freund Ita Wegmans, beschreibt den Unterschied aus seiner Sicht so: "In diesen (heilpädagogischen, von Ita Wegman gegründeten) Instituten lebt in erster Linie das Streben nach einer neuen Menschengemeinschaft, das Streben nach einer intensiven Pflege des Seelenlebens, sowohl des Einzelmenschen wie der Gemeinschaft überhaupt. Eine ausgesprochen soziale, menschenverbindende Kraft ist dort vorhanden und hat als höchstes Ziel, Anthroposophie zur unmittelbaren Lebenspraxis zu erheben. Demgegenüber besteht bei den Vertretern der Majoritätengruppe (d.h. bei den Menschen um Albert Steffen und Marie Steiner) mehr die Neigung, abgetrennt von der sozialen Gemeinschaft zu Leistungen zu gelangen, wobei eine gewisse Zuspitzung zu Glanzleistungen hervortritt."[138]

Marie Steiner erlebte das anders. Sie fühlte sich in ihrem künstlerischen Streben tief mit Novalis verbunden und nannte ihn einen Künstler der durchchristeten Ichheit, der Sendung des Christus, einen Boten des Christus im Innern. Für sie war Novalis der Priester, der die Kunst zum höchsten Ausdruck des menschlichen Strebens zur Gottheit hin gemacht hat.[139] Sie suchte nach der durchchristeten, ichbewussten Kunst, die mit den Kräften der Erde gesättigt ist, aber nicht daran haften bleibt und nach der Kommunion mit dem von der Kunst ergriffenen Zuschauer.[140]

Um zu verdeutlichen, dass Marie Steiners Impuls zurecht ein christlicher genannt werden kann, sei z.B. auf den Vortrag von Rudolf Steiner "Wie finde ich den Christus"[141] verwiesen. Dort beschreibt er, wie der Mensch aufgrund seiner jetzigen Leiblichkeit sein Göttliches nicht mehr empfinden kann und wie er mit jedem Satz, den er spricht, von der Wahrheit abweicht. Um sich wieder zu seinem Göttlichen erheben zu können, muss der Mensch erst erleben, wieweit sein gewöhnliches Sprechen von Unwahrheit durchzogen ist und wie ohnmächtig er dagegen ist. Dann sagt er: "Wir erstehen nur dann aus der Ohnmacht, die wir schon der Sprache gegenüber empfinden können, wir feiern daraus die Auferstehung, wenn wir verstehen, dass, indem wir den Mund aufmachen, wir bereits christlich sein müssen. Dasjenige, was geworden ist aus dem Worte, aus dem Logos im Laufe der Entwicklung, es ist nur dann zu verstehen, wenn der Logos wiederum mit dem Christus verbunden wird, wenn wir uns bewusst werden: Unser Leib, in dem er das Werkzeug des Aussprechens wird, zwingt die Wahrheit herunter, so dass sie teilweise erstirbt auf unseren Lippen, und wir beleben sie wiederum in Christo, wenn wir uns bewusst werden, dass wir sie vergeistigen müssen, das heisst, den Geist mitdenken, nicht die Sprache als solche hinnehmen, sondern den Geist mitdenken. Das müssen wir lernen, meine lieben Freunde."

Hier sind wahrscheinlich die tiefsten Impulse Marie Steiners und ihrer Schüler ausgesprochen. Damit wird aber auch eine ganz anders geartete Verbindung mit dem Christentum deutlich, als es bei Ita Wegman und ihren Freunden der Fall ist.

Dem Christentum, das die Menschen um Ita Wegman leben wollten, steht der heutige Mensch wahrscheinlich näher. Er kann diese Ideale mehr oder weniger verstehen. Was am richtigen Sprechen christlich sein soll, diese Frage übersteigt wahrscheinlich die Bewusstseinskräfte der meisten von uns. Wer dieser Frage vertiefend nachgeht, wird Jahrtausende weit in die Zukunft geführt.[142] Man erhält dadurch den Eindruck, dass Marie Steiner ein Christentum pflegte oder besser: vorbereitete, das erst in der Zukunft wirklich verstanden werden wird.

Zurückblickend kann man sagen, dass in der Zeit nach Rudolf Steiners Tod in der Anthroposophischen Gesellschaft sehr verschiedene Auffassungen und Willensrichtungen bestanden und dass es nicht gelang, diese Gegensätze zu einem gesunden Zusammenwirken zu bringen. Da die einzelnen Vorstandspersönlichkeiten der Tendenz unter den Mitgliedern, Anhängerschaften zu bilden, nicht oder nicht genug entgegentraten, war die Anthroposophische Gesellschaft und Bewegung Anfang der dreissiger Jahre weltweit in zwei Gruppen gespalten. Die eine Gruppe sah in Marie Steiner, Albert Steffen und Günther Wachsmuth die Garanten für Kontinuität in der Anthroposophischen Gesellschaft. Die andere, kleinere Gruppe, sah in Ita Wegman die Trägerin entscheidender erneuernder Impulse. Das fünfte Vorstandsmitglied, die stille Elisabeth Vreede, hatte z.T. ähnliche Auffassungen wie Ita Wegman.

Aus dem Studium der Quellen erhält man den Eindruck, dass sich die grössere Gruppe von der kleineren, Unruhe stiftenden Gruppe nicht nur gestört, sondern auch als existentiell gefährdet erlebte. In ihrer Hilflosigkeit entwickelte die Majoritätsgruppe um Marie Steiner, Albert Steffen und Günther Wachsmuth eine starke Emotionalität und Aggressivität. Schon 1926 stellte der Christengemeinschaftpfarrer Emil Bock in einem Brief an Ita Wegman fest: "Die Gegenseite ist in Fehler des Gefühls verstrickt. Der Unbeteiligte schaut in einen schaudererregenden Abgrund von Hass und Vernichtungswillen hinein ..."[143] Auf dem Höhepunkt der Kampagne gegen die Minderheitsgruppe erschien 1935 die so genannte "Denkschrift". In dieser an alle Mitglieder versandten Schrift wurde auf vielen Seiten die Verwerflichkeit und Gefährlichkeit der Menschen um Ita Wegman "dokumentiert".

Auf der Generalversammlung 1935 wurden Ita Wegman und Elisabeth Vreede von der Vorstandsarbeit suspendiert, sowie sechs andere führende Persönlichkeiten der Minderheitsgruppe aus der Anthroposophischen Gesellschaft ausgeschlossen. In der Folge davon trennten sich in England und Holland die Landesgesellschaften von der Anthroposophischen Gesellschaft. In anderen Ländern wie in Deutschland und der Schweiz, kam es zu Spaltungen. Marie Steiner bezeichnete diesen Zwangsausschluss später zwar als einen Fehler, brachte aber gleichzeitig zum Ausdruck, dass er aber nicht zu vermeiden war, wollte man das Weiterfunktionieren der Anthroposophischen Gesellschaft retten.[144]

Der Nachlass-Konflikt

Nach der Trennung kehrte in der Anthroposophischen Gesellschaft für einige Jahre Ruhe ein. Für die verbleibenden Mitglieder waren Marie Steiner, Albert Steffen und Günther Wachsmuth die drei berechtigten Vertreter der Weihnachtstagungs-Impulse. Unter ihrer Führung wurde das Goetheanum zum unbestrittenen Zentrum der Anthroposophischen Gesellschaft. Durch Albert Steffen und Marie Steiner hatte die Arbeit ihren Schwerpunkt vor allem in der Kunst.[145]

Marie Steiner hatte eine hohe Meinung von Albert Steffen als Künstler. Er lebte aber nach ihrer Meinung zu sehr in einem Ästhetizismus, der ihm zwar half, seine Seele über sich selbst hinaus zu weiten und grossartige Kunstwerke zu schaffen, aber ihn doch nicht eine über das Subjektive hinausgehende moralische Kraft entwickeln liess, die für das Führen der Geschäfte der Anthroposophischen Gesellschaft erforderlich gewesen wäre.[146]

In einem grossen Teil der Mitgliedschaft bestand dagegen die Neigung, Albert Steffen als den eigentlichen Träger der Gesellschaft anzusehen. Sein von Rudolf Steiner mit Nachdruck anerkanntes künstlerisches Werk und seine feinsinnige, empfindsame Art übten eine stark anziehende Wirkung auf die Seelen vieler Mitglieder aus. Durch sein melancholisches Temperament war er aber sehr empfindlich und leicht verletzbar. Er hatte die Eigenart, dass er sich jedes Mal, wenn seine Integrität oder die Richtigkeit seiner Massnahmen in Zweifel gezogen wurden, von seinen Ämtern zurückzog oder mit dem Rücktritt drohte. Diese Rückzüge hatten dann wiederum zur Folge, dass ihm die Mehrheit der Mitglieder seine unschätzbare Bedeutung für die Führung der Gesellschaft zum Ausdruck brachte und ihm immer weitreichendere Kompetenzen einräumen wollte.[147] Da Albert Steffen diese Tendenzen nicht energisch korrigierte, verlor Marie Steiner das Vertrauen in ihn.

Der Zweite Weltkrieg, der alle belebenden Kontakte mit dem Ausland abschnitt, verschärfte die Situation. Denn der Fortbestand des Goetheanums brauchte Geld und dieses konnte jetzt nur noch aus der Schweiz kommen. So war es nur natürlich, dass die schweizerischen Gruppen, die sich um ihren Landsmann Albert Steffen scharten, einen erheblichen Einfluss auf die Führung der Anthroposophischen Gesellschaft gewannen. Die meisten Menschen, zu denen Marie Steiner Verbindung hatte, lebten aber im Ausland. Durch den Krieg waren sie von den Vorgängen am Goetheanum abgeschnitten, völlig mit eigenen Problemen überschüttet und konnten auch keine Gelder mehr zur Verfügung stellen. Dieses Ungleichgewicht hatte zur Folge, dass Marie Steiner in den Gesellschaftsangelegenheiten immer mehr übergangen wurde. Auf der Sommertagung 1942 trat der zwischen Marie Steiner und Albert Steffen eingetretene Bruch des gegenseitigen Vertrauens dann offen zur Erscheinung: Als Marie Steiner das Rederecht eines ihr nahestehenden, aber von den meisten anderen abgelehnten Vortragsredners nicht in Frage stellte, zog sich Albert Steffen von der Tagungsleitung zurück. Die aufgebrachten Tagungsteilnehmer wandten sich daraufhin mit heftigen Reaktionen gegen Marie Steiner. Ein neuer Konflikt, bei dem diesmal die Marie Steiner nahestehenden Menschen die Minderheit bildeten, beherrschte von da an die Anthroposophische Gesellschaft.[148]

Inmitten der nun tobenden Gegensätze und Konflikte veröffentlichte Marie Steiner an Weihnachten 1942 einen so genannten Verständigungsappell, in dem sie zur Überwindung der Konflikte und zur Verzeihung durch die Kraft der Liebe aufrief, um Rudolf Steiners Werk zu retten. Aber nur von Ita Wegman erhielt sie eine Antwort. Gegen Anraten ihrer Freunde, die nicht an den Gesinnungswandel Marie Steiners glauben wollten, hat sie geschrieben: "... Ihr Artikel wird so verschieden gedeutet. Ich erlaube es mir nicht, ein Urteil darüber zu haben. Ich wünsche nur so sehr mit diesen Zeilen zum Ausdruck zu bringen, dass ihre Worte einen tiefen Eindruck auf mich gemacht haben, sie sind gross und zukunftsvoll."[149] Bald danach starb Ita Wegman infolge einer plötzlichen Erkrankung, ohne dass es noch zu einer Wiederbegegnung zwischen ihr und Marie Steiner gekommen war. Trotzdem äusserte sie kurz vor ihrem Tod, dass sie mittlerweile mit Marie Steiner versöhnt sei.[150]

Da ausser dem Brief von Ita Wegman nur eine einzige weitere Reaktion auf ihren Aufruf kam, strich sie 1943 Albert Steffen und Günther Wachsmuth, an die der Aufruf vor allem gerichtet war, von der Liste der Menschen, die nach ihrem Tod die Pflege des Nachlasses von Rudolf Steiner übernehmen sollten, und gründete den so genannten Nachlass-Verein, der diese Aufgabe übernehmen sollte.[151] "Diese Arbeit kann ja nicht geleistet werden von überbürdeten Funktionären oder von 'schöpferischen' Geistern, die absorbiert sind von dem eigenen Schaffen, und solche Arbeit doch anderen zuschieben würden. Warum soll ich nicht eine Gruppe von Menschen zu solcher Arbeit vorbereiten und diejenigen ernennen, die sie überprüfen, leiten werden? Ich weiss doch am besten, weil aus Erfahrung, wieviel Zeit und Kraft und Hingabe dies erfordert", schrieb sie später zu diesem Schritt.[152]

Als sie 1945 die Gründung dieses Vereins bekanntgab, führte dies zu einer Explosion von Emotionen. Unvorstellbarer Hass richtete sich gegen Marie Steiner und die mit dem Nachlass-Verein verbundenen Menschen. Der Nachlass, den man früher im Konflikt mit Ita Wegman noch durchaus in den Händen von Marie Steiner und nicht in denen der Gesellschaft wissen wollte, schien plötzlich verloren. Marie Steiner hielt den in der Folge gegen sie vorgebrachten Vorwurf "geistigen Diebstahls" für Unsinn. Nach ihrer Auffassung waren die Mitarbeiter des Nachlass-Vereins genauso mit der Anthroposophie und Rudolf Steiner verbunden, wie jedes andere Mitglied der Anthroposophischen Gesellschaft und Hochschule. Sie sollten aber zusätzlich darauf achten, dass die Veröffentlichungen und der Umgang mit Steiners Werk das erforderliche Niveau einhielten. Sie war auch bereit, unter bestimmten Umständen den Verein in die Freie Hochschule einzugliedern, aber nur, wenn diesem vollständige Autonomie gewährt würde.[153] Für Albert Steffen und Günther Wachsmuth war diese Bedingung allerdings unannehmbar.

Als sich Marie Steiner nahe stehende Mitglieder zu freien Arbeitsgruppen zusammenschlossen und Albert Steffen in einer Stellungnahme öffentlich angriffen, zog sich dieser 1947 von seinen Aufgaben als Vorsitzender der Anthroposophischen Gesellschaft zurück. In den folgenden Generalversammlungen sprach ihm, wie zu erwarten war, die Mehrheit das Vertrauen aus und bat ihn, den Vorsitz weiterzuführen. Albert Steffen nahm das Votum an, arbeitete aber von da an nicht mehr mit Marie Steiner und ihrer Sektion zusammen.[154]

In Marie Steiners "Sektion für Redende und Musizierende

Künste" war die Arbeit durch die Konflikte sehr erschwert. Viele Künstler kamen mit Marie Steiners strengem Stil und ihrer Kunstauffassung nicht zurecht. Sie fühlten sich von der verständnisvollen, bescheidenen Art Steffens viel stärker angezogen und erlebten seine Wirkung auf ihr Künstlertum als inspirierend und motivierend. Dadurch, dass Albert Steffen den Künstlern ab 1947 von Marie Steiner und ihrer Sektion unabhängige Arbeitsmöglichkeiten am Goetheanum anbot,[155] kam es zur offenen Spaltung in der Künstlerschaft und es gab von da an zwei Gruppen von Schauspielern, die nicht mehr zusammen arbeiten wollten und konnten.[156] Die Eurythmiebühne hielt zwar noch zusammen, doch nach dem Tod Marie Steiners trennte sich auch diese in zwei Gruppen.[157]

Lebensabend

Trotz der Hemmnisse arbeitete Marie Steiner in all diesen Jahren unermüdlich mit dem Schauspiel-Ensemble. Sie brachte bedeutende Inszenierungen zustande, obwohl sie während des Zweiten Weltkrieges wieder von Lähmungserscheinungen befallen wurde und in ihren äusseren Aktivitäten dadurch stark behindert war. Nach dem Zweiten Weltkrieg ging das Ensemble auch im Ausland auf Tournee und feierte dort Erfolge. 1947 liessen ihre äusseren Kräfte weiter nach und im Spätsommer 1947 übersiedelte sie nach Beatenberg, einen Ort in den Schweizer Bergen, wo sie schon während des Krieges aus Sicherheitsgründen ein Jahr gelebt hatte.

Ihre Arbeit wurde dadurch nicht weniger. Sie pflegte eine ausgebreitete Korrespondenz, empfing zahlreiche Besuche und war weiter mit der Herausgabe des Nachlasses beschäftigt. Sie unterrichtete weiterhin ihre Schüler, die zu ihr in die Berge fuhren, besprach Inszenierungen neuer Stücke oder studierte sie mit den Schülern ein. Von der Entwicklung in Dornach war sie sehr enttäuscht. 1948 schrieb sie: "Die Entsiegelung der in den Werken Goethes und Schillers noch verborgen gebliebenen Geistigkeit hat er (Rudolf Steiner) uns als eine Aufgabe ans Herz gelegt; sie war durch die ernste Arbeit der Sektion für redende und musische Künste bis zu einem gewissen Grade schon gewährleistet, aber durch menschliche Schwächen, die genährt und gezüchtet wurden, statt zurückgehalten zu werden, verfiel sie. Goethe und Schiller waren wieder einmal nicht modern genug und mussten vor den jungen Dichtern weichen, die sich gespielt sehen wollten. Sie erreichten es durch Unterminierung des von Rudolf Steiner gewiesenen strengen Weges."[158]

Als 1948 von verschiedenen Seiten Vermittlungsversuche unternommen wurden, um wieder ein Zusammenwirken zwischen den zerstrittenen Parteien auf einer neuen Basis zu erreichen, schrieb Marie Steiner zu diesen Bemühungen: "Ich selbst bin leider nicht in der Lage, den Rat derer zu befolgen, die mir immer wiederholen: schreiben Sie doch einfach in ein paar kurzen Zeilen, was Sie denken. So einfach ist dies eben nicht. Denn kurz zu sagen, was ich denke, könnte nur mit den entsprechend kräftigen Ausdrücken geschehen, und damit wäre der Friedenstraum zu Grabe getragen, und auch alles das, was die so genannte Einigung der Sektion betrifft."[159] Auch wenn sie einerseits von der Notwendigkeit des Verzeihens tief überzeugt war, so hielt sie auf der anderen Seite doch daran fest, dass sich nach Rudolf Steiners Tod dämonische Mächte in den Mitgliedern ausgelebt haben und sich immer noch ausleben, und dass dies deutlich ausgesprochen werden müsse. Am 1. Mai 1948 schrieb sie an einen vermitteln wollenden Freund dazu folgenden Satz: "(Sie) appellieren ... an die Kräfte des Verzichts, weil das der christliche Weg sei. Das ist er, aber nicht ohne die Wahrheit."[160]

Am 24. Dezember 1948 erlitt Marie Steiner einen Kräftezusammenbruch und wurde von da an nicht mehr alleine gelassen. Am frühen Nachmittag des 27. Dezembers ging sie, bis zuletzt bei klarem Bewusstsein, über die Schwelle des Todes.[161] Am Donnerstag, den 30. Dezember, wurde ihre sterbliche Hülle in Dornach in einem Meer von Rosen aufgebahrt. Während der Totenhandlung sprachen ihre Schüler die Toten-Mantren Rudolf Steiners. So war es auch am Tag danach beim zweiten Teil der Totenhandlung. Kein subjektives Wort wurde hörbar, denn Marie Steiner, welche den Charakter dieser Feier selbst bestimmt hatte, hatte sich alles Sprechen über ihre Person verboten. Auch in der Feier nach der Kremation, am Silvesterabend in der Schreinerei des Goetheanums, hatten die Teilnehmer dasselbe Erlebnis: Keine persönliche oder auch nur seelische Note mischte sich in den Klang der Feierlichkeit. Am 1. Januar wurde an dem Platz, wo wenige Stunden zuvor noch die Urne Marie Steiners gestanden hatte, das Mysteriendrama "Die Prüfung der Seele" aufgeführt. Diese Aufführung, die im Rahmen einer damals stattfindenden Tagung schon lange geplant war, wurde von den Teilnehmern als echter Bestandteil der Totenfeier erlebt.[162]

Schlussbemerkungen

Die Konflikte wurden nach Marie Steiners Tod noch heftiger. Ihr Nachlass-Verein war bis in die 60er Jahre geächtet, seine Bücher vom offiziellen Verkauf am Goetheanum ausgeschlossen. Trotz dieser trennenden Kräfte wurden die verbindenden immer lauter. Bereits 1948 war der Ausschluss von 1935 zurückgenommen worden, 1960 gliederte sich die Holländische Landesgesellschaft wieder in die Anthroposophische Gesellschaft ein und 1968 wurden die Werke des Nachlass-Vereins in den Verkauf am Goetheanum aufgenommen und zumindest auf wirtschaftlicher Ebene zusammengearbeitet.[163] An dieser Entwicklung kann man den guten Geist, der in der Anthroposophischen Bewegung um seine Verwirklichung ringt, ahnen: Dass eine Institution sich nach dem Tode ihres Gründers spaltet und zerfällt, ist normal, dass die Teile sich aber wieder zu einem Ganzen vereinigen, ist etwas seltenes in der Geschichte von Institutionen.[164] Erst nach diesem Wieder-Zusammenfinden kam es in den 70er Jahren zur Ausbreitung der anthroposophischen Aktivitäten in dem heute "gewohnten" Masse.

Dass diese Wiedergesundung eine der Herzensangelegenheiten Marie Steiners war, darf mit Recht vermutet werden, auch wenn sie es mit ihrer emotionalen, energiegeladenen Persönlichkeitsstruktur dabei nicht immer leicht hatte. Sie hat viel erreicht und suchte auf vielen Wegen nach der Entsiegelung der Geheimnisse des Wortes, wobei sie sich stark nach dem Motto richtete: die Weisheit ist nur in der Wahrheit.

Kann man das künstlerische Wollen und Können Marie Steiners erahnen? Muss man den Stimmen glauben, die sagen, dass unser künstlerisches Können heute nicht mehr ausreicht, um den ursprünglich von Marie Steiner gesetzten Niveaus gerecht zu werden? Ist die Behauptung wahr, dass wir erst die mannigfaltige Abstufung des Könnens, die von Marie Steiner an der Spitze ausgeht, bis zur Erschütterung erleben müssen, um wirklich Grosses zu erahnen, geschweige denn produzieren zu können?[165]

Vom Künstler verlangte sie, dass er seine Wahrnehmungsfähigkeit für den inspirierenden Geist entwickle, damit er Verantwortung für sein Kunstschaffen übernehmen kann. Das stellte sie andererseits aber auch vor das Problem, wie sie mit der von ihr erlebten Wahrheit auf anderen Gebieten umzugehen habe.

Anhang

Verzeichnis der Zitate

[1] Theodor Hundhammer, Vom Ort zum Wort – ein Weg zu den Potentialen der Heileurythmie, 180 S., BoD 2012
[2] Quellen für dieses Kapitel waren vor allem Wiesberger, 1988 S. 17-40 und Savitch, 1965 S. 9-12
[3] Marie Savitch: Marie Steiner-von Sivers. Dornach 1965. S. 14
[4] Savitch, 1965 S. 45
[5] Savitch, 1965 S. 18 und Wiesberger, 1988 S. 45
[66] Wiesberger, 1988 S. 40
[7] Wiesberger, 1988 S. 41
[8] Wiesberger, 1988 S. 47
[9] Wiesberger, 1988 S. 66
[10] Wiesberger, 1988 S. 65 u. 277
[11] Savitch, 1965 S. 31
[12] Wiesberger, 1988 S. 80
[13] Wiesberger, 1988 S. 78
[14] Streit, 1996
[15] Wiesberger, 1988 S. 426
[16] Wiesberger, 1988 S. 84
[17] Wiesberger, 1988 S. 116f
[18] Wiesberger, 1988 S. 91
[19] Wiesberger, 1988 S. 118
[20] Wiesberger, 1988 S. 120
[21] Wiesberger, 1988 S. 122
[22] Savitch, 1965 S. 37
[23] Wiesberger, 1988 S. 125
[24] Wiesberger, 1988 S. 129
[25] Wiesberger, 1988 S. 439
[26] Wiesberger, 1988 S. 433
[27] Savitch, 1965 S. 45
[28] Wiesberger, 1988 S. 441
[29] Wiesberger, 1988 S. 457
[30] Savitch, 1965 S. 36

[31] Wiesberger, 1988 S. 457
[32] Wiesberger, 1988 S. 219
[33] Wiesberger, 1988 S. 368
[34] Wiesberger, 1988 S. 379
[35] Wiesberger, 1988 S. 381
[36] van Manen, 1994
[37] Wiesberger, 1988 S. 369
[38] Georg Unger, persönliche Mitteilung, Dornach 1996
[39] Savitch, 1965 S. 82-89
[40] Savitch, 1965 S. 89
[41] Plato, 1986 S. 36ff
[42] Steiner, GA 28 S. 453f
[43] Steiner, GA 28 S. 456
[44] Wiesberger, 1988 S. 227
[45] Steiner, GA 28 S. 439
[46] Steiner, GA 28 S. 411
[47] Wiesberger, 1988 S. 433
[48] Wiesberger, 1988 S. 268
[49] Steiner, Marie, 1981 S. 28
[50] Wiesberger, 1988 S. 300
[51] Steiner, Marie, 1981 S. 30
[52] Woloschin, 1948
[53] Quelle nicht mehr ausfindig gemacht
[54] Savitch, 1965 S. 95f
[55] Bely, 1975 S. 293
[56] Bely, 1975 S. 135
[57] Woloschin, 1948
[58] Wiesberger, 1988 S. 217f
[59] Wiesberger, 1988 S. 218
[60] Wiesberger, 1988 S. 174, 18f, 204
[61] Wiesberger, 1988 S. 323
[62] Wiesberger, 1988 S. 458
[63] Wiesberger, 1988 S. 462ff
[64] Wiesberger, 1988 S. 468

[65] Wiesberger, 1988 S. 469
[66] Savitch, 1965 S. 119
[67] Bely, 1975 S. 134
[68] Wiesberger, 1988 S. 335f
[69] Groot, 1989
[70] Wiesberger, 1988 S. 337
[71] Savitch, 1965 S. 124-128
[72] Savitch, 1965 S. 115f
[73] Savitch, 1965 S. 115
[74] Savitch, 1965 S. 121
[75] Wiesberger, 1988 S. 334
[76] Wiesberger, 1988 S. 341
[77] Steiner, GA 260a S. 658
[78] Wiesberger, 1988 S. 404ff
[79] Kirchner-Bockholt, 30.3.1997
[80] Wiesberger, 1988 S. 487
[81] Savitch, 1965 S. 102
[82] Hans Peter van Manen, persönliche Mitteilung, Den Haag 1995
[83] Froböse, 1973 S. 126
[84] Savitch, 1965 S. 164f
[85] Savitch, 1965 S. 163
[86] Pöppig, 1975
[87] Wiesberger, 1988 S. 348f
[88] Froböse, 1973 S. 41
[89] Froböse, 1973 S. 41
[90] Steiner, GA 28 S. 438
[91] Steiner, GA 280 S. 221
[92] Froböse, 1973 S. 119
[93] Froböse, 1973 S. 103
[94] Froböse, 1973 S. 101
[95] Froböse, 1973 S. 105
[96] Steiner, GA 280 S. 121
[97] Froböse, 1973 S. 102
[98] Steiner Marie, ca. 1927

[99] Froböse, 1973 S. 103
[100] Froböse, 1973 S. 104
[101] Savitch, 1965 S. 172
[102] Branko Ljubic, Sprachgestalter, pers. Mitteilung, Dornach 1996
[103] Beatrice Albrecht, Sprachgestalterin, pers. Mitteilung, Zürich 1996
[104] Frau Rens, Sprachgestalterin, persönliche Mitteilung, Den Haag 1996
[105] Frau Rens, Sprachgestalterin, persönliche Mitteilung, Den Haag 1996
[106] Persönliche Mitteilung eines Freundes
[107] Savitch, 1965
[108] Zeylmans van Emmichoven, 1990/1992 S. III-16
[109] Steiner, Marie, Vorwort zu Steiner GA 260 S. 18
[110] Steiner, Marie, 1981 S. 211
[111] Steiner, GA 6 S. 66
[112] Steiner, GA 186 S. 151
[113] Steiner, Marie, 1981 S. 108
[114] Steiner, Marie, 1981 S. 94
[115] Zeylmans van Emmichoven, 1990/1992 Bd. I
[116] Zeylmans van Emmichoven, 1990/1992 S. III 112f
[117] Zu den sogenannten Polzer-Hoditz-Aufschreibungen, 1997
[118] Zeylmans van Emmichoven, 1990/1992 Bd. III
[119] Hans Peter van Manen, mündliche Mitteilung, Den Haag 1996
[120] Zur Polarität von Marie Steiner und Ita Wegman siehe A. Husemann, Nachrichtenblatt Nr. 4 u. 5/1997
[121] Steiner, Marie, 1981 S. 211
[122] Steiner, Marie, 1981 S. 92
[123] Steiner, Marie, 1981 S. 104
[124] Zeylmans van Emmichoven, 1990/1992 Bd. III
[125] Steiner, Marie, 1981 S. 110
[126] Steiner, Marie, 1981 S. 106
[127] Steiner, Marie, 1981 S. 326
[128] Biesantz, 1995
[129] Biesantz, 1995
[130] Steiner, Marie, 1981 S. 106
[131] Steiner, Marie, 1981 S. 106 u. 111

[132] Steiner, Marie, 1981 S. 142
[133] Zeylmans van Emmichoven, 1990/1992 S. III-82
[134] Zeylmans van Emmichoven, 1990/1992 S. III-84
[135] Savitch, 1965 S. 181
[136] Zeylmans van Emmichoven, 1990/1992 S. III-112
[137] Zeylmans van Emmichoven, 1990/1992 S. III-372
[138] Zeylmans van Emmichoven, 1990/1992
[139] Froböse, 1973 S. 36f
[140] Froböse, 1973 S. 36
[141] Steiner, GA 182 16.10.1913
[142] Sease, Januar 1995
[143] Zeylmans van Emmichoven, 1990/1992 S. III-65
[144] Quelle nicht mehr auffindbar
[145] Plato, 1986 S. 90
[146] Steiner, Marie, 1981 S. 272f
[147] Plato, 1986 S. 93
[148] Plato, 1986 S. 95
[149] Steiner, Marie, 1981 S. 151
[150] Quelle nicht mehr auffindbar
[151] Steiner, Marie, 1981 S. 147
[152] Steiner, Marie, 1981 S. 159
[153] Steiner, Marie, 1981 S. 169
[154] Plato, 1986 S. 98
[155] Plato, 1986 S. 98
[156] Steiner, Marie, 1981 S. 245
[157] Groot, 1989 S. 78
[158] Steiner, Marie, 1981 S. 298
[159] Steiner, Marie, 1981 S. 300
[160] Steiner, Marie, 1981 S. 254
[161] Beiträge zur Rudolf Steiner Gesamtausgabe Nr.71/72. S. 1
[162] Götte, 1948
[163] Plato, 1986 S. 116
[164] Hans Peter van Manen, mündliche Mitteilung, Den Haag 1996
[165] Ljubic, 17.9.1995

Literaturverzeichnis

Beiträge zur Rudolf Steiner Gesamtausgabe Nr.71/72
Bely Andrej Verwandeln des Lebens, Basel 1975
Biesantz Hagen Vortrag vom 8./9. April 1995, Nachrichtenblatt der Allgemeinen Anthroposophischen Gesellschaft 11.6.1995
Collot d'Herbois Liane in Mitteilungen aus der anthroposophischen Arbeit in Deutschland 11/1990
Froböse Edwin (Hg) Marie Steiner – Ihr Weg zur Erneuerung der Bühnenkunst durch die Anthroposophie. Eine Dokumentation. Dornach 1973
Froböse Edwin (Hg.): Aus der Probenarbeit mit Marie Steiner. Rudolf Steiner Verlag, Dornach 1978
Gedenkblatt für Marie Steiner. Der Marie Steiner Verlag. Eine Initiative. Unterlengenhardt 2004
Götte Fritz Die Totenfeiern, Mitteilungen aus der anthroposophischen Arbeit in Deutschland 1948
Groot Carla Marie Savitch - Ihr Leben und Wirken für Rudolf Steiners eurythmischen Impuls 1989
Gümbel-Seiling Max Worte der Erinnerung, Mitteilungen aus der anthroposophischen Arbeit in Deutschland1948
Hammacher Wilfried Marie Steiner. Lebensspuren einer Individualität. Stuttgart 1998, Neuauflage voraussichtlich 2014
Hendewerk Kurt Unser Weg zur Sprache, Mitteilungen aus der anthroposophischen Arbeit in Deutschland 1948
Kirchner-Bockholt Margarete Nachrichtenblatt der Allgemeinen Anthroposophischen Gesellschaft 30.3.1997
Ljubic Branko in Nachrichten für Mitglieder 17.9.1995
Pals Lea van der Von Frau Dr. Steiners Arbeit an der Eurythmie, Mitteilungen aus der anthroposophischen Arbeit in Deutschland 1948
Plato Bodo von Zur Entwicklung der Anthroposophischen Gesellschaft 1986
Poeppig Fred Marie Steiner. Ein Leben im Dienst der Wiedergeburt des Wortes. Zbinden, Basel 1949
Pöppig Fred Abenteuer meines Lebens 1975
Samweber Anna: Aus meinem Leben. Erinnerungen an Rudolf Steiner und Marie Steiner-von Sivers. Basel 1983 (Hg. Jakob Streit, Dornach 2014)
Savitch Marie Marie Steiner-von-Sivers, Dornach 1965
Schachenmann Conrad (Hg) Marie Steiner-von Sivers im Zeugnis von Tatiana Kisseleff, Johanna Mücke, Walter Abendroth, Ernst von Schenk. Basel 1985

Schubert Ilona Selbsterlebtes im Zusammensein mit Rudolf Steiner und Marie Steiner. Zbinden, Basel 1977

Sease Virginia Buddha und Christuswirkungen in der Sprachentwicklung, Beilage zum Rundbrief der Sektion für redende und musizierende Künste Nr.25. Januar 1995

Selg Peter Marie Steiner-von Sivers. Aufbau und Zukunft des Werkes von Rudolf Steiner. Dornach 2006

Seybold Dietrich Marie Steiner-von Sivers. In: Andreas Kotte (Hg.): Theaterlexikon der Schweiz. Band 3., Zürich 2005

Steiner Marie Briefe und Dokumente vornehmlich aus ihrem letzten Lebensjahr, Hg. Hella Wiesberger, Dornach 1981

Steiner Marie Kritische Bemerkungen über die Sprachgestaltung, Nachrichtenblatt der Anthroposophischen Gesellschaft ca. 1927

Steiner Rudolf, Steiner Marie Briefwechsel und Dokumente 1901 – 1925, R. Steiner Verlag 2. Auflage 2002

Steiner Rudolf Die Konstitution der Allgemeinen Anthroposophischen Gesellschaft und der Freien Hochschule für Geisteswissenschaft. Der Wiederaufbau des Goetheanum 1924-1925, GA 260a

Steiner Rudolf Die soziale Grundforderung unserer Zeit, GA 186

Steiner Rudolf Die Weihnachtstagung zur Begründung der Allgemeinen Anthroposophischen Gesellschaft 1923/1924, GA 260

Steiner Rudolf Goethes Weltanschauung, GA 6

Steiner Rudolf Grundlinien einer Erkenntnistheorie der Goetheschen Weltanschauung, GA 2

Steiner Rudolf Mein Lebensgang, GA 28.

Steiner Rudolf Methodik und Wesen der Sprachgestaltung, GA 280.

Streit Jacob Mitteilungen aus dem anthroposophischen Leben in der Schweiz Nr. IV, April 1996.

Manen Hans Peter van Marie Steiner - Über ihre Stellung im Weltenkarma, Dornach 1994

Wiesberger Hella (Hg) Marie Steiner-von Sivers, ein Leben für die Anthroposophie. Eine biogr. Dokumentation in Briefen und Dokumenten, mit Zeugnissen von R. Steiner, M. Strauch, E.Schuré u. and., Dornach 1988

Woloschin Margarita Begegnungen mit Marie Steiner, Mitteilungen aus der anthroposophischen Arbeit in Deutschland 1948.

Zeylmans van Emmichoven J.E. Wer war Ita Wegman Bd. I, II und III, 1990/1992

Zu den sogenannten Polzer-Hoditz-Aufschreibungen Was in der Anthropos. Gesellschaft vorgeht Nr.45/1997 (Gegenargumente in Nr. 50/1997)

Bilderverzeichnis

Titelbild	Marie von Sivers 1903, Rudolf Steiner Archiv
Seite 11	Marie von Sivers ca. 1884, Rudolf Steiner Archiv
Seite 18	Marie von Sivers ca. 1900, Rudolf Steiner Archiv
Seite 26	Rudolf Steiner 1905, Otto Rietmann, Dokumentation Goetheanum
Seite 27	Marie von Sivers 1906, Rudolf Steiner Archiv
Seite 32	Marie von Sivers 1906, Rudolf Steiner Archiv
Seite 40	Marie Steiner von Sivers 1915, Rudolf Steiner Archiv
Seite 43	Marie Steiner von Sivers 1915, Passbild, Rudolf Steiner Archiv
Seite 49	Marie Steiner von Sivers 1922, Rudolf Steiner Archiv
Seite 54	Marie Steiner von Sivers 1930 in Schweden, Rudolf Steiner Archiv
Seite 59	Marie Steiner von Sivers bei der Arbeit, Anfang der 30er Jahre, Rudolf Steiner Archiv
Seite 72	Marie Steiner von Sivers in Norwegen, Reporteraufnahme 1934, Rudolf Steiner Archiv

HEILEURYTHMIE ZUM ANFASSEN

180 Seiten, € 19.80, CHF 27.90 / 22.30

Umfangreiche Leseproben auf
www.bewegteworte.ch/downloads.html

Buch: ISBN: 978-3-8482-2349-7
eBook: ISBN-13: 9783842385979